KB188732

관조하는 삶

관조하는 삶

무위에 대하여

한병철

전대호 옮김

김영사

관조하는 삶

1판 1쇄 인쇄 2024. 10. 7.
1판 1쇄 발행 2024. 10. 18.

지은이 한병철
옮긴이 전대호

발행인 박강휘
편집 김태권 디자인 박주희 마케팅 고은미 홍보 박은경
발행처 김영사
등록 1979년 5월 17일 (제406-2003-036호)
주소 경기도 파주시 문발로 197(문발동) 우편번호 10881
전화 마케팅부 031)955-3100, 편집부 031)955-3200 팩스 031)955-3111

값은 뒤표지에 있습니다.
ISBN 978-89-349-1863-9 03100

홈페이지 www.gimmyoung.com   블로그 blog.naver.com/gybook
인스타그램 instagram.com/gimmyoung 이메일 bestbook@gimmyoung.com

좋은 독자가 좋은 책을 만듭니다.
김영사는 독자 여러분의 의견에 항상 귀 기울이고 있습니다.

일러두기

- 원문의 이탤릭은 고딕으로, '»«'는 큰따옴표로 표기했다.
- 역자는 원제인 라틴어 Vita contemplativa를 '관조觀照하는 삶'으로, contemplatio를 '관조'로 옮겼다. 라틴어 contemplatio가 '바라보다'와 연결되는 것에 못지않게 '숙고하다'와도 연결된다는 점에서 불충분한 번역일 수도 있겠으나, 이 책의 전반적인 메시지가 '행위'와 대비되는 '무위'를 찬양하는 것에 있음을 고려할 때 '관조'를 번역어로 선택하여 '바라보다'와의 연결을 강조하는 것이 적절하다고 판단했다. '바라보다'의 의미가 더 뚜렷한 주요 철학 용어는 라틴어 speculatio, 고대 그리스어 theoria이지만, 거의 모든 용례에서 이 단어들은 contemplatio와 마찬가지로 이론적 숙고를 뜻하므로, contemplatio를 '관조'로 옮기는 것은 이 책에 국한되지 않은 일반적 맥락에서도 무리한 번역이 아니다.

너는
너는 가르친다
너는 네 손에게 가르친다
너는 네가 가르치는 네 손에게 가르친다
잠자라고
– 파울 첼란

우리는 꿈의 재료로 이루어져 있어.
우리의 짧은 삶은
잠으로 둘러싸여 있지.
– 윌리엄 셰익스피어

나는 태어나기 전에 포기했다.
– 사무엘 베케트

무위의 풍경들

우리는 "돌이 구르듯이, 멍청한 역학에 따라 구르는"[1] 행위자들을 점점 더 닮아간다. 우리는 오로지 노동과 성과를 통해 삶을 지각하므로 무위無爲를 결함으로, 가능한 한 빨리 제거해야 할 결함으로 여긴다. 활동이 인간의 실존을 남김없이 흡수한다. 그리하여 인간의 실존은 착취 가능하게 된다. 우리는 무위를 느끼는 감각을 상실해간다. 무위는 무능도, 거부도, 한낱 활동의 부재도 아니라 독자적인 능력이다. 무위는 고유한 논리, 고유한 언어, 고유한 시간성, 고유한 구조, 고유한 찬란함, 고유한 마법까지 지녔다. 무위는 약점이나 결함이 아니라 **집약성**이다. 그러나 우리의 활동 및 성과사회에서 그 집약성은 지각되지도, 인정받지도 못한다. 우리는 무위의 나라와 무위의 넉넉함에 접근할 수 없다. 무위는 인간 실존의 **찬란한 형태**다. 오늘날 무위는 활동의 **공백 형태**로 퇴색했다.

자본주의적 생산관계 안에서 무위는 **포섭된 바깥**으로서 다시 등장한다. 우리는 그 무위를 '여가Freizeit'라고 부른다. 여가는 노동 후의 회복에 기여하므로 노동의 논리에 구속된 채로 머무른다. **노동의 파생물**로서 여가는 생산 내부의 한 기능 요소를 이룬다. 이로써 노동과 생산의 질서에 속하지 않은 **자유로운 시간**은 사라진다. 우리는 신성한 쉼, 축제의 쉼을, "삶의 강렬함과 관조를 통합하는 쉼, 심지어 삶의 강렬함이 분방함으로 심화하더라도 삶의 강렬함과 관조를 통합할 수 있는 쉼"[2]을 더는 알지 못한다.

'여가'에는 삶의 강렬함도 없고 관조도 없다. 여가는 따분함이 고개 드는 것을 막기 위해 우리가 때려죽이는 시간이다. 여가는 **자유롭게 생동하는 시간**이 아니라 **죽은 시간**이다. 강렬한 삶은 오늘날 무엇보다도 먼저 더 많은 성과 혹은 소비를 의미한다. 바로 무위가, 아무것도 생산하지 않는 무위가 삶의 강렬한 형태이자 찬란한 형태임을 우리는 잊어버렸다. 노동 및 성과 강제에 **무위의 정치**를 맞세울 수 있을 것이다. 그 정치는 진짜로 자유로운 시간을 만들어낼 수 있다.

무위가 **인간적인 것**을 이룬다. 활동에서 무위가 차지하는 몫만큼 활동은 진정으로 인간적이다. 망설임이나 멈춤의 순간이 없으면, 행위는 맹목적인 능동과 반응으로 전락한다. 쉼이 없으면 새로운 야만이 발생한다. 침묵은 말을 심화한다. 고요가 없으면 음악은 없고 단지 소음과 잡음만 있다. 놀이는 아름다움의 정수다. 자극과 반응의 패턴, 욕구와 충족의 패턴, 문제와 해답의 패턴, 목표와 행위의 패턴만이 지배할 경우, 삶은 생존으로, 발가벗은 동물적 삶으로 쪼그라든다. 삶은 무위에서 비로소 찬란함을 획득한다. 능력으로서의 무위가 우리에게 없으면, 우리는 그저 **작동하기만** 해야 하는 기계와 다를 바 없다. 생존을 위한 염려가 끝나는 순간에, 단지 삶일 뿐인 삶의 고난이 끝나는 순간에, 참된 삶이 시작된다. 인간이 추구하는 궁극의 목적은 무위다.

행위는 역사를 이루는 데 필수적이지만 문화를 짓는 힘은 아니다. 전쟁이 아니라 축제가, 무기가 아니라 장신구가 문화의 기원이다. 역사와 문화는 똑같은 삼각형들처럼 합동이 아니다. 목표에 도달하는 곧은 길이 아니라 본선本線에서 갈라지는 길들, 탈선하는 길들, 에움길들이 문화를 짓는다. 문화의 핵심 본질은 **장식적이다.** 문화는 기능성과 효용성의 바깥에 정착해 있다. 모든 목표와 효용으로부터 해방된 장식을 통해 삶은 자신이 생존 그 이상이라고 완고히 주장한다. 삶은 아무것도 치장하지 않는 **절대적 장식**으로부터 자신의 신성한 찬란함을 얻는다. "바로크가 장식적이라는 말로는 부족하다. 바로크는 절대적 장식decorazione assoluta이다. 마치 장식이 연극적 목적을 비롯한 모든 목적으로부터 해방되어 고유한 형태법칙을 발전시키기라도 한 듯하다. 절대적 장식은 더는 무언가를 치장하지 않는다. 절대적 장식은 그저 장식일 따름이다."[3]

안식일에는 모든 활동을 쉬어야 한다. 사업을 하면 안 된다. 무위와 경제활동의 중단은 안식일 축제를 위해 본질적이다. 반면에 자본주의는 축제마저 상품화한다. 축제가 이벤트와 구경거리Spektakel로 바뀐다. 이벤트와 구경거리에는 관조적인 쉼이 없다. 축제의 소비 형태로서의 이벤트와 구경거리는 공동체를 창출하지 못한다. 기 드보르는 저서《스펙터클의 사회》에서 현재를 축제 없는 시대로 규정한다. "다양한 축제 분위기의 가속된 되풀이를 본질로 나타내는 이 시대는 축제 없는 시대이기도 하다. 순환하는 시간 안에서 공동체가 호화로운 지출에 참여하는 순간이었던 축제가 공동체도 호화로움도 없는 사회에서는 불가능하다."[4]

축제 없는 시대는 공동체 없는 시대다. 오늘날 사람들

은 도처에서 커뮤니티 결성을 맹세하지만, 커뮤니티는 공동체의 상품 형태다. 커뮤니티는 **우리**를 발생시키지 않는다. 고삐 풀린 소비는 사람들을 고립시키고 개별화한다. 소비자들은 외롭다. 디지털 소통도 알고 보니 공동체 없는 소통이다. 소셜미디어는 공동체의 해체를 가속한다. 자본주의는 시간마저도 상품으로 변신시킨다. 그리하여 시간은 축제성을 모조리 잃는다. 드보르는 시간의 상품화를 보며 이렇게 논평한다. "시간의 실재성은 시간을 위한 광고로 대체되었다." [5]

공동체와 더불어 호화로움은 축제의 본질적 특징이다. 호화로움은 경제적 압박을 무력화한다. 한층 높아진 생동성生動性으로서의 호화로움, 강렬함으로서의 호화로움은 튀어 나가기, 곧 곁길로 빠지기, 그저 삶일 뿐인 삶의 곤궁함과 필수조건에서 벗어나기다. 반면에 자본주의는 생존을 절대화한다. 생존으로 쪼그라드는 삶에서 호화로움은 사라진다. 최고의 성과도 호화로움에 도달하지 못한다. 노동과 성과는 생존의 질서에 속해 있다. 호화로운 형태의 행위는 없다. 왜냐하면 행위는 결핍에 기반을 두기 때문이다. 자본주의에서는 호화로움마저도 소비된다. 호화로움이 상품 형태를 띠고 축제성과 찬란함을 상실한다.

테오도어 아도르노에게 호화로움은 순수한 행복의 상

징이다. 그 행복을 파괴하는 것은 효율성의 논리다. 효율성과 기능성은 생존 형태들이다. 호화로움은 이것들을 무력화한다. "고삐 풀린 기술이 호화로움을 제거한다. […] 세 번의 밤과 두 번의 낮 동안 대륙을 쏜살같이 횡단하는 고속열차는 기적이지만, 그 고속열차를 이용한 여행은 트랑블뢰(프랑스 리옹 역에 있는 오래된 식당—옮긴이)의 빛바랜 찬란함과 영 딴판이다. 열린 창으로 나누는 작별의 손인사부터 팁을 받은 승무원의 친절한 배려와 예식 같은 식사, 특혜를 받는다는 느낌, 아무에게서 그 무엇도 앗아가지 않는 그 지속적인 느낌까지, 여행의 쾌락을 이뤘던 것이 출발에 앞서 승강장을 거닐곤 하던 우아한 사람들과 더불어 사라졌다. 마침내 지금은 최고급 호텔의 로비에서도 그런 사람을 찾을 수 없다."[6] 참된 행복은 목적 없고 효용 없는 것 덕분에, 고의로 장황한 것 덕분에, 비생산적인 것, 에둘러 가는 것, 궤도를 벗어나는 것, 남아도는 것, 아무것에도 유용하지 않고 아무것에도 종사하지 않는 아름다운 형식들과 몸짓들 덕분에 있다. 느긋한 산책은 곧장 걸어가기나 달려가기, 행진하기와 비교할 때 호화롭다. **무위의 예식성이 의미하는 바는, 우리가 활동하긴 하지만 무언가를 위해 활동하는 것은 아니라는 점이다.** 이 무언가를-위하지-않음, 목적과 효용으로부터의 자유는 무위의 핵심 본질이다. 이것은 행복의 기본 공식이다.

무위는 발터 벤야민이 말하는 산책자Flaneur의 특징이다. "산책자의 특유한 망설임. 움직임 없이 관조하는 사람의 고유한 상태가 기다림이듯이, 의심은 산책자의 고유한 상태인 듯하다. 실러가 쓴 한 비가悲歌에는 '나비의 의심하는 날개'라는 표현이 나온다."[7] 기다림도 의심도 무위의 모습이다. 의심의 순간이 없으면 인간의 행보는 행진에 가까워진다. 나비의 날개와 마찬가지로 인간의 걸음은 망설임에서 우아함을 얻는다. 결연함이나 서두름은 인간의 걸음에서 우아함을 깡그리 앗아간다. 산책자는 **행위하지 않는** 능력을 사용한다. 그는 목표를 추구하지 않는다. 의도 없이 자신을 공간에 내준다. 그에게 눈짓하는 공간에 내주고, "다음 길모퉁이가, 안개에 싸인 먼 광장이, 앞에서 성큼성큼 걷는 여자의 등이 발휘하는 자력磁力에"[8] 내준다.

축제는 '위하여'로부터, 목적과 효용으로부터 완전히 해방되어 있다는 점에서 노동과 맞선다. 노동은 그것들에 예속되어 있다. 위하여로부터의 해방은 인간의 실존에 축제성과 찬란함을 부여한다. 예컨대 걸음이 위하여로부터, 목표를 향해 걸어가기로부터 해방되면 춤으로 바뀐다. "춤이란 다름 아니라 몸이 실용적인 일들로부터 해방되기, 철저히 무위하면서 몸짓을 내보이기가 아니겠는가?"[9] 손도 위하여로부터 해방되면 **움켜쥐지** 않는다. 손은 **논다.** 혹은 **손은 아무것도 가리키지 않는 순수한 손짓**을 이른다.

실용적인 일들로부터 해방된 불은 상상을 불러일으킨다. 그런 불은 무위의 매체가 된다. "인간이 최초로 마주한 몽환적 대상, 쉼의 상징, 휴식으로의 초대는 의심할 바 없이 화덕에 둘러싸인 불이었다. […] 그러므로 우리가 불 앞에서 몽상에 빠지지 않는다면, 그것은 불이 가진 참으로 인간적이고 원초적인 의미를 망각하는 짓이다. […] 팔꿈치를 무릎에 괴고 양손으로 턱을 받친 자세에서만 불의 혜택이 실감된다. 그 자세는 까마득히 오래되었다. 아이는 불가에서 완전히 자동으로 그 자세를 취한다. 또한 그 자세가 생각하는 사람의 자세인 것은 공연한 일이 아니다. 그 자세는 경비원이나 감시자의 경계심과 전혀 다른, 아주 특별한 주의注意를 담고 있다. […] 불가에서 사람은 편히 앉아 쉬어야 한다."[10] 통상적으로 불은 실행과 행위를 향한 프로메테우스적 격정Pathos과 연관지어진다. 반면에 바슐라르의 불에 관한 정신분석은 불의 관조적 차원을 발굴한다. 인간이 이미 어린 시절부터 불 앞에서 자기도 모르는 사이에 취하는 자세는 인간이 지닌, 까마득히 오래된 관조 성향을 생생히 보여준다. 관조적 무위는 생각하는 사람을 경비원이나 감시자로부터 구별되게 만든다. 경비원이나 감시자는 항상 구체적인 목표를 추구한다. 반면에 생각하는 사람은 **의도가 없다. 눈앞에 둔 목표가** 없다.

플루타르코스는 저술 〈손님들과 나눈 대화Quaestiones convivales〉에서 강렬한 식욕을 떨쳐내는 리추얼(폭식과 구토bulímu exélasis)에 관하여 보고한다.[11] 떨쳐낼 것은 가축의 끊임없고 만족할 줄 모르는 처먹기다. 아감벤의 독해에 따르면, 그 리추얼의 목적은 "특정한 형태의 영양 섭취를 (정의상 잠재울 수 없는 식욕을 잠재우기 위해 짐승처럼 집어삼키기를) 추방하고 다른 — 인간적이며 축제적인 — 영양 섭취 방식이 들어설 공간을 마련하는 것이다. 후자의 방식은 '심한 허기'가 해소되어야 비로소 시작될 수 있다."[12] 축제는 그저 삶일 뿐인 삶의 필요로부터 해방되어 있다. 축제 잔치는 사람들을 배부르게 만들지 않고, 사람들의 배고픔을 잠재우지도 않는다. 축제는 식사를 관조적 모드로 전환시킨다. "그러면 식사는 **멜라카**melacha(일을 뜻하는 히브리어 — 옮긴이), 곧 목표를 향한 행위가 더는 아니다. 대신에 식사는 무위요 **메누카**menucha(휴식을 뜻하는 히브리어 — 옮긴이), 곧 영양 섭취의 안식일이다."[13]

무위를 본질적 성분으로 가진 리추얼적 관행은 우리를 그저 삶일 뿐인 삶 위로 들어 올린다. 금식과 금욕은 생존으로서의 삶으로부터, 삶일 뿐인 삶의 고난과 필연으로부터 명시적으로 거리를 둔다. 금식과 금욕은 호화로움의 한 형태다. 그리하여 금식과 금욕은 축제성을 획득한다. 금식과 금욕의 특징은 관조적인 쉼이다. 벤야민이 보기에 금식은 우리를 "식사의 신비"로 안내한다.[14] 금식은 감각들을 예민하게 만들어 전혀 그럴 법하지 않은 음식에서도 신비로운 향기를 발견하게 한다. 벤야민은 로마에서 어쩔 수 없이 금식할 때 다음을 깨달았다. "나는 영영 다시 오지 않을 기회가 왔다고 느꼈다. 작은 목장에 있던 나의 감각들을 보잘것없는 채소, 멜론, 포도주, 열 가지 빵, 견과류의 주름들과 구멍들로 마치 개를 보내듯이 보내 그것들 안에서 한 번도 감지하지 못한 향기를 느낄 기회가 왔다고 말이다."[15] 금식 리추얼은 감각들을 되살림으로써 삶을 **갱신한다**. 삶에 삶의 생동성을, 삶의 찬란함을 돌려준다. 그러나 건강의 독재 아래에서 금식은 생존에 종사한다. 그리하여 금식은 관조적이며 축제적인 차원을 잃는다. 이제 금식은 벌거벗은 삶을 최적화해야 한다. 벌거벗은 삶이 더 잘 작동하도록 말이다. 그렇게 금식마저도 생존 꼴을 띠게 된다.

무위는 그 자체로 **정신적 금식**이다. 따라서 금식은 치유 효과를 낸다. 생산 강제는 무위를 하나의 활동 형태로 바꿔 착취한다. 그리하여 언젠가부터 잠마저도 활동으로 간주된다. 이른바 "파워냅powernap"(기력 회복을 위한 낮잠—옮긴이)은 잠의 활동 형태다. 심지어 꿈도 착취된다. "자각몽"을 고의로 유도하는 기술은 수면 중에 신체와 정신의 능력들을 최적화하는 데 종사한다. 우리는 성과 및 최적화 강제를 수면 안으로까지 연장한다. 미래에 인간은 잠과 꿈을 효율적이지 않다고 여겨 없애버릴 가능성이 있다.

"오랫동안 나는 일찍 잠자리에 들었다." 마르셀 프루스트가 쓴 《잃어버린 시간을 찾아서》의 유명한 첫 문장이다. 프랑스어 원문에서 "일찍"에 해당하는 표현은 "de bonne heure"이다. 이 표현을 살짝 바꾸면 전체 문장은 이렇게 된다. "Longtemps je me suis couché de bonheur(오랫동안 나는 행복하게 잠자리에 들었다)." 잠은 행복bonheur의 시간을 유발한다. 수면 중에 "더 높은 실상實相, Wahrheitsgehalt의 시간이 시작된다. 그 시간에 내 눈은 감겨 외부세계의 사물들을 차단한다."[16] 잠은 **진실의 매체**다. 우리는 무위 중에 비로소 진실을 본다. 잠은 외부세계 사물들 배후의 참된 내면세계를 드러낸다. 그 내면세계와 비교하면, 외부세계는 허깨비에 불과할 터이다. 꿈 꾸는 사람은 존재의 더 깊은 층들로 잠수한다. 프루스트 의 견해에 따르면, 삶은 자신의 내부에서 끊임없이 새로 운 실을 자아 사건들을 연결하고 촘촘한 관계의 망을 짠 다. 그 망 안에는 홀로 고립된 것이 없다. 진실은 관계사 건Beziehungsgeschehen이다. 진실은 어디에서나 **들어맞음** Übereinstimmung을 산출한다. 작가가 "서로 다른 두 대상 을 연결하는 순간" 또는 "삶이 그렇게 하듯이, 두 가지 감 각에서 무언가 공통점을 들춰내고 그것들의 공통 본질을 드러내는 순간"에 "한 감각을 다른 감각과 통합하는 시간 의 우연성으로부터 그 감각들을 떼어놓기 위하여" 진실 이 일어난다.[17]

잠과 꿈은 선호되는 진실의 장소다. 잠과 꿈은 깨어 있 는 상태를 지배하는 분리와 경계 설정을 거둔다. "날뛰듯 생동하는 잠재의식의 창조적인 잠 속에서(잠 속에서 우리를 스쳐 지나기만 하는 사물들이 더 깊이 파고들고 졸음에 겨운 손이 예전 엔 찾아도 소용없던 열쇠를 움켜쥘 때)"[18] 사물들은 자기네 진실 을 드러낸다. 활동과 행위는 눈이 멀어 진실을 보지 못한 다. 활동과 행위는 단지 사물들의 표면을 건드릴 따름이 다. 실행을 결심하고 탐색하는 손은 진실에 이르는 열쇠 를 발견하지 못한다. 그 열쇠는 오히려 졸음에 겨운 손에

쥐어진다.

프루스트의 《잃어버린 시간을 찾아서》는 길게 이어지는 단 하나의 꿈이다. **비자발적 기억**은 현성용顯聖容으로서, 행복의 원천으로서, 무위의 나라에 정착해 있다. 비자발적 기억은 마법의 손에 의해 열리는 문과도 같다. 행복은 앎의 질서나 인과적 질서에 속해 있지 않다. 마술과 마법이라고 할 만한 것이 행복에 깃들어 있다. "어떤 경우에는 모든 것을 잃은 듯한 바로 그 순간에 우리를 구원할 수 있는 증표가 우리에게 도달한다. 당신은 모든 문을 두드렸지만 부질없었다. 그러나 당신이 들어설 수 있는 문, 백 년 동안 헛되이 찾아온 단 하나의 문을 그런 문인 줄도 **모르는 채로** 당신은 두드리고, 그때 문이 열린다."[19]

잠과 마찬가지로 심심함Langeweile도 무위의 상태다. 잠이 신체적 이완의 정점이라면, 심심함은 정신적 이완의 정점이다. 벤야민은 심심함을 "최고의 색감과 광채를 띤 비단 안감을 덧댄 따스한 회색 천"이라고 묘사하면서 "우리는 꿈꿀 때 그 천을 두른다"라고 말한다.[20] 심심함은 "경험의 알을 품는… 꿈 새"다.[21] 그러나 그 꿈 새의 둥지들이 현저히 줄어들고 있다. 그리하여 "귀 기울이는 재능"이 사라져간다.

참된 의미의 경험은 노동과 성취의 결과가 아니다. 활

동을 통해 경험을 만들어낼 수는 없다. 오히려 경험은 특별한 형태의 수동성과 무위를 전제한다. "사물, 사람, 신을 막론하고 무언가를 경험한다는 것은, 그 무언가가 우리에게 들이닥친다는 것, 우리와 충돌한다는 것, 우리를 덮친다는 것, 우리를 쓰러뜨리고 변화시킨다는 것을 의미한다."[22] 경험은 주기와 받기에 기반을 둔다. 경험은 귀기울이기를 매체로 삼아 그 안에서 일어난다. 그러나 현재의 정보 소음과 소통 소음은 "귀 기울이는 자들의 사회"를 끝장낸다. 아무도 귀 기울이지 않는다. 누구나 **자기를 내보인다**produzieren(생산한다).

무위는 시간집약적이다. 무위는 **긴 짬**lange Weile(심심함을 뜻하는 Langeweile를 분철한 문구이다―옮긴이)을, 집약적이며 관조적인 하염없이 머무르기Verweilen를 요구한다. 모든 것이 단기적이고, 호흡이 짧고, 근시안적으로 되어버린 이 서두름의 시대에 무위는 희귀하다. 오늘날 모든 곳에서 관철되는 것은 소비주의적 삶꼴이다. 그 삶꼴 안에서 우리는 모든 욕구를 즉각 **충족시킨다**. 우리는 **기다릴 끈기**가 없다. 그 끈기 안에서 무언가가 천천히 **익어갈** 수 있을 텐데 말이다.

중요한 것은 오로지 단기적 효과, 신속한 성공이다. 행위는 축약되어 반응이 된다. 경험은 옅어져 체험이 된다.

느낌은 빈곤해져 감정이나 흥분이 된다. 우리는 오로지 관조적인 주의注意 앞에서만 열리는 실재에 접근하지 못한다.

우리는 심심함을 점점 더 견디지 못한다. 그리하여 경험하는 능력이 위축된다. 꿈 새는 종이 숲Blätterwald(신문)에서 벌써 절멸한다. "삽화를 포함한 종이들의 숲에서 그[꿈 새]는 퇴화할 수밖에 없다. 우리의 행위 안에도 꿈 새가 들어설 자리가 더는 없다. […] 인간에게 창조하는 손을 주던 한가로움은 절멸했다."**23** 창조하는 손은 **행위하지 않는다.** 그 손은 **귀 기울인다.** 그러나 디지털 종이 숲인 인터넷은 우리에게서 "귀 기울이는 재능"을 앗아간다. 경험의 알을 품는 꿈 새는 움직임 없이 관조하는 사람과 유사하다. 그 사람은 기다리면서 자신을 "무의식적인 일들"에 내맡긴다. 외부에서 보면 그는 행위하지 않는다. 그러나 이 무위는 경험이 가능하기 위한 조건이다.

기다림은 특정한 목표를 향하지 않을 때 비로소 시작된다. 우리가 특정한 무언가를 기대할 때, 우리는 덜 기다리며 우리 자신을 폐쇄하여 **무의식적인 일들**로부터 격리한다. "기다림은 아무것도 기다리지 않을 때, 심지어 기다림의 종결마저도 기다리지 않을 때 시작된다. 기다림은 기다리는 대상을 알지 못하며 파괴한다. 기다림은 아무것도 기다리지 않는다."[24] 기다림은 관조하며 무위하는 자의 정신적 태도다. 그에게는 전혀 다른 실재가 열린다. 어떤 활동도, 어떤 행위도 그 실재에 접근할 수 없다.

기다림은 오르페우스가 에우리디케와 맺는 관계이기도 하다. 그는 오로지 기다릴 때만 에우리디케 곁에 있다. 그는 그녀를 노래하고 열망할 수 있지만 소유할 수 없다. 그녀를 빼앗긴 상황은 그의 노래가 가능하기 위한 조건이다. 에우리디케가 더는 따라오지 않는 듯하다는 불안감에 오르페우스가 그녀를 확인하기 위해 뒤돌아보는 순간, 에우리디케는 다시는 데려올 수 없게 사라진다. 에우리디케는 무위의 나라의 화신이다. 그림자의 화신, 잠과 꿈의 화신이다. 그녀를 환한 낮으로 데려오는 것은 원리적으로 불가능하다. 오르페우스의 노래, 오르페우스의 작품Werk, œuvre은 바로 죽음 덕분에 가능하다. 죽음은 다름 아니라 **최상위의 무위**다. 모리스 블랑쇼는 무위를 뜻하며 직역하면 탈-작품Ent-Werkung 혹은 작품 없음Werklosigkeit에 해당하는 프랑스어 désœuvrement을 죽음 곁에 놓는다. 밤, 잠, 꿈이 오르페우스를 "작품 없는 자désœuvré, 용무 없는 자, 무위하는 자"[25]로 만든다. 예술가는 무위 곧 désœuvrement 덕분에 귀 기울이기 재능, 이야기하기 재능을 얻는다. 오르페우스는 예술가의 원형이다. 예술은 죽음과의 집약적 관계를 전제한다. **죽음을 향한 존재**에서 비로소 문학적 공간이 열린다. 글쓰기는 항상 **죽음을 향한 글쓰기**다. "어떤 의미에서 카프카는 이미 죽어 있었다. 그것이 그에게 주어진 상태였다. […] 그리고 이 재능은 글쓰기 재능과 연결되어 있다."[26]

앎은 삶을 완벽하게 모사模寫하지 못한다. **완전히 알려진 삶은 죽은 삶이다.** 살아 있는 놈은 그놈 자신에게 **불투명하다.** 다름 아니라 무위의 한 형태로서의 무지無知가 삶을 **살린다.** "새로운 계몽"의 맥락에 속한 한 경구에서 니체는 무지를 **생명의 시초**로 추어올린다. "인간과 동물이 어떤 무지 안에서 사는지 통찰하는 것으로는 부족하다. 또한 무지를 향한 의지를 배우고 품어야 한다. 이런 유형의 무지가 없으면 삶 자체가 불가능할 터라는 점, 이 유형의 무지는 살아 있는 놈이 존속하고 번창하기 위해 반드시 필요한 조건이라는 점을 파악할 필요가 있다. 크고 단단한 무지의 종鐘이 너를 둘러싸야 한다."[27] 앎을 향한 결연한 의지는 삶의 깊숙한 내면과 까마득한 깊이를 놓친다. 그 의지는 살아 있음을 마비시킨다. 니체라면 이렇게 말할 터이다. 무위가 없으면 삶은 불가능하다. 무위는 살아 있는 놈이 존속하고 번창하기 위한 조건이다.

클라이스트의 단편소설 《인형극에 관하여Über das

Marionettentheater》는 무지와 무의도無意圖, 무위를 우아함의 원천으로 제시한다. 저자에 따르면, 인간 춤꾼은 "그 무엇도 추가하지 않고" 단지 "있는 그대로의 중력 법칙"에 자신을 내맡기는 인형의 우아함에 절대로 도달하지 못한다. 인형은 의도적으로 움직이지 않고 바닥 위에서 떠다닌다. 움직임이 "저절로" 일어나는 듯하다. 요컨대 인형의 우아함은 무위에서 나온다. 움직임에서 우아함을 앗아가는 것은 다름 아니라 의식적이고 의도적인 행위다.《인형극에 관하여》는 한 젊은이에 관한 이야기를 들려주는데, 그는 거울을 보고 자신의 몸짓을 **의식하는** 순간에 우아함을 잃는다. 우아함과 아름다움의 장소는 의식적 노력의 바깥에 있다. "유기적 세계 안에서 반성이 어두워지고 약해질수록 우아함이 점점 더 찬란하고 장엄하게 도드라지는 것을 우리는 본다." [28]

연습의 최종 목표는 의지가 단념하고 물러나는 경지에 도달하는 것이다. 명인은 **연습을 통해 의지를 떨쳐낸다**. 명인의 솜씨란 무위다. 행위는 무위에 이르러 완성된다. **행복한 손**은 의지와 의식이 없다. 발터 벤야민은 연습에 관하여 이렇게 쓴다. "애씀과 고됨을 통해 명인을 소진 직전의 한계까지 지치게 만들어 마침내 몸과 팔다리 각각이 자신의 고유한 이성에 따라 행위할 수 있게 만들기,

이것을 일컬어 연습이라고 한다. 연습의 성공이란, 몸의 내부에서 의지가 기관들(이를테면 손)을 위하여 최종적으로 물러나는 것이다. 따라서 누군가가 어떤 것을 오래 찾아다닌 끝에 뇌리에서 떨쳐낸 후 어느 날 다른 것을 찾고 있는데 앞선 그것이 그의 손안에 쥐어지는 일이 벌어진다. 손은 그것을 받아들였으며 곧바로 그것과 하나가 되었다."[29] 의지는 드물지 않게 우리를 눈앞에서 벌어지는 일을 보지 못하는 맹인으로 만든다. 다름 아니라 목적 없음과 의도 없음이 우리를 **환히 보게** 만든다. 왜냐하면 목적 없음과 의도 없음은 **벌어지는 일**을, 의지와 의식 앞에 놓인 **존재**를 환하게 비추기 때문이다.

〈가장 좋은 것을 잊지 말라〉라는 제목이 붙은 짧은 단편소설에서 벤야민은 성공적인 삶에 관한 비유를 간략히 제시한다. 주인공은 행위하는 사람, 자신의 "사업"을 결연하게 또한 더없이 성실하게 수행하는 사람이다. 그는 가장 사소한 것까지 모든 것을 기록한다. 약속에 관해서 말하면, 그는 "시간 엄수 그 자체"다. "시간이 아무렇게나 흘러갈 만한 최소한의 틈새"조차도 그에게는 없다. 그러니 그는 **자유로운** 시간을 모른다. 그런데 그렇게 활동적으로 사는 그는 극도로 불행하다. 그러던 중에 예상치 못한 일이 일어나고, 그의 삶이 근본적으로 바뀐다. 그는 시

계를 내팽개치고 너무 늦게 도착하기를 연습한다. 상대
가 이미 오래전에 떠난 뒤에야 비로소 그는 자리에 앉는
다. "기다리기 위해서"다. 이제 일들은 그의 개입 없이 저
절로 벌어지며 그를 행복하게 한다. 그의 앞에 천국의 길
들이 열린다. "그가 친구들을 가장 적게 생각하지만 가장
많이 필요로 했을 때, 친구들이 그를 방문했다. 그리고 그
는 선물들을 받았는데, 비싸지 않은 것들이었지만 딱 알
맞을 때 받아서 마치 천국의 길들을 손안에 쥐기라도 한
것 같았다." 그는 양치기 소년에 관한 이야기를 회상한
다. 그 소년은 **"어느 일요일에"** 많은 보물이 있는 산에 들어
가는 것을 허락받으면서 "가장 좋은 것을 잊지 말라"라는
수수께끼 같은 지시도 함께 받는다. 가장 좋은 것은 **무위**
다. 무위에 관한 벤야민의 비유는 이렇게 마무리된다. "이
시기에 그는 꽤 잘 지냈다. 그가 처리하는 것은 적었으며,
처리되었다고 여기는 것은 없었다." [30]

정말로 무위하는 사람은 자기를 내세우지 않는다. 그
는 자신의 이름을 내려놓고 **노바디**nobody(아무도 아닌 자. 독
일어 원문은 Niemand — 옮긴이)가 된다. **이름도 의도도 없이** 그
는 **벌어지는 일**에 자기를 내맡긴다. 롤랑 바르트는 한 하
이쿠에서 자신이 "꿈꿔온 게으름" [31] 을 발견한다.

일없이 가만히 앉아 있는 동안,

봄이 오고

풀이 저절로 자라네.

바르트는 이 하이쿠에 주목할 만한 파격이 있음을 알아챈다. 이 작품은 문법을 위반한다. 가만히 앉아 무위하는 사람은 문장의 주어가 아니다. 그 사람은 자신의 문법적 위치를 포기하고 주어로서의 봄("봄이 오고")을 위하여 사라진다. 이로부터 바르트가 끌어내는 결론은 "이 게으름 상황에서 주체는 주체로서 지닌 속성을 거의 빼앗겼다"라는 것이다. 주체를 주체로 만드는 것은 활동들과 행위들이다. 무위하는 주체는 터무니없다. 주체와 행위는 서로의 조건이다. 무위(바르트가 말하는 "게으름")는 탈주체화하고 탈개인화하는 힘을, 쉽게 말해 **무장을 해제하는** 힘을 발휘한다. 문장의 또 다른 주어인 풀도 이 하이쿠의 **기조**인 무위를 부각한다. 풀이 "저절로" 자란다. 바르트의 생각을 계승하여 말하면, 무위의 열정이 **영혼의 파격을** 일으킨다. 주체가 자기를 포기한다. 주체가 **자기를 벌어지는 일**에 내맡긴다. 모든 행위, 모든 활동이 **주체 없이 벌어지는 일**을 위해 거둬진다. "이것이 진정한 게으름일 터이다. '나'라고 말해야 한다는 굴레에서 때때로 벗어나는 경지에 도달하기."[32]

관조의 명인이 지닌 핵심 특징은 **모방 능력**이다. 그는 자기를 사물들과 **유사하게** 만듦으로써 사물들 속으로 들어간다. 《1900년경 베를린에서 보낸 어린 시절》에서 벤야민은 친구들 앞에서 자신의 그림 속으로 들어가 사라진 어느 중국 화가의 이야기를 서술한다. "이 이야기는 중국에서 유래했으며 자신이 최근에 그린 그림을 친구들에게 보여주는 어느 늙은 화가에 관한 것이다. 그 그림은 공원을 묘사했다. 시냇물 주변으로 난 오솔길은 쓰러진 나무 하나를 지나 작은 문 앞에 이르렀다. 그 문 너머에는 작은 집이 있었다. 그런데 친구들이 화가를 찾아 주위를 둘러보았을 때, 그는 그들을 떠나 그림 안으로 들어가 있었다. 그림 속에서 그는 오솔길을 따라 문 앞으로 가서 가만히 서 있다가 몸을 돌려 미소 지은 후 문틈으로 사라졌다. 그때 나도 갑자기 물감 접시들과 붓들과 함께 일그러지며 그림 속으로 들어갔다. 나는 물감 구름과 함께 도자기 속으로 들어가 도자기와 비슷해졌다."[33] 화가는 완전히 사라지기 전에 **미소를 짓는다**. 벤야민은 그 미소를 모방 능력으로 해석한다. 그 미소는 "모방할 준비가 되어 있음의 최고 수준"을 표현한다. 그 미소는 "자신이 마주한 놈과 유사해지는 것"에 동의한다는 신호다. 그 **마법의**

미소는 "들어맞게 변신하는 방식의 모방 솜씨가 명인의 경지에 이르렀음"[34]을 보여준다. 모방 상태는 **몰아 상태**, **타자로의 이행**이 놀이처럼 이루어지는 상태다. **미소의 우호성**은 그 상태의 본질적 징표다.

무위는 행위와 맞서지 않는다. 오히려 행위는 무위를 먹고 산다. 벤야민은 무위를 새로움의 산파로 추어올린다. "무엇을 기다리는지 모를 때 우리는 심심함을 느낀다. 무엇을 기다리는지 안다는 것, 혹은 안다고 믿는다는 것은 거의 항상 우리의 얕음과 산만함의 표현일 따름이다. **심심함은 위대한 실행으로 넘어가는 문턱이다.**"[35] 심심함은 "무의식적으로 벌어지는 일"의 겉면이다. 심심함이 없으면 어떤 사건도 **일어나지** 않는다. 행위하겠다는 결심이 아니라 무의식적으로 벌어지는 일이 새로움의 시초다. 심심할 능력을 잃으면, 바로 심심함에 기반을 둔 행위들에 접근할 길도 잃게 된다. "그러나 우리의 행위 안에 심심함이 들어설 자리가 없어졌다. 조용하고 내밀하게 심심함과 동맹을 맺은 행위들이 절멸하고 있다."[36]

무위의 변증법은 무위를 문턱으로, 불확정성 구역으로 변신시킨다. 그 구역 덕분에 우리는 **이제껏 없었던** 무언가를 만들어낼 수 있다. 그 문턱이 없으면, 같음이 반복된다. 니체도 이렇게 쓴다. "발명하는 인간은 행위하는 인간과 **전혀 다르게** 산다. 발명하는 인간은 목적 없고 규칙 없는 행위를 하기 위한 **시간**을 필요로 한다. 시도들, 새로운 길들. 그는 유용한 행위를 하는 인간처럼 익숙한 길을 가기보다 더 많이 더듬는다."[37] 창조적으로 행위하는 자는 행위하되 어떤 성과를 위해 행위하지 않는다는 점에서 유용하게 행위하는 자와 구별된다. 이처럼 **행위에 무위가 포함되어 있기** 때문에 **전혀 다른** 무언가, **있었던 적 없는** 무언가의 발생이 가능해진다.

우리는 **아무도 들어본 적 없는** 무언가를 말할 능력을 침묵함으로써 비로소 얻는다. 반면에 소통 강제는 같음의 재생산을, 순응을 낳는다. "오늘날의 난제는 우리가 우리 자신의 의견을 자유롭게 표현할 수 없다는 것이 아니다. 오히려 외로움과 침묵을 위한 공간, 그 안에서 우리가 말할 거리를 발견하는 공간을 창출하는 것이 난제다. 이제 억압하는 힘들이 우리의 의견 표명을 가로막지 않는다. 정반대로 억압하는 힘들이 우리의 의견 표명을 강제하기까지 한다. 아무것도 말하지 않아도 되기와 침묵할 수 있기는 얼마나 큰 해방인가. 오직 그럴 때만 우리는 점점 더 드물어지는 무언가를 창조할 가능성을, 정말로 가치 있는 무언가가 발설될 가능성을 얻는다."[38] 마찬가지로 행위 강제는 같음을 지속시킨다. 무위의 여지가 비로소 우리에게 점점 더 드물어지는 무언가를, 정말로 **행해져야** 마땅한 무언가를 창조할 가능성을 준다. 요컨대 무위는 **들어본 적 없는 실행**으로 넘어가는 문턱이다.

지금 드러나고 있듯이, 행위 강제, 더 일반적으로 삶의 가속은 효과적인 지배 수단이다. 오늘날 혁명이 불가능한 것처럼 보인다면, 어쩌면 그 이유는 우리가 생각할 시간을 갖지 못한다는 점에 있을 것이다. 시간이 없으면, 깊은 호흡이 없으면, 같음이 지속된다. 자유로운 정신이 절멸한다. "생각할 시간과 생각하는 쉼이 없기 때문에, 이제 사람들은 일탈하는 견해를 품지 못하게 되었다. 사람들은 일탈하는 견해를 증오하는 것으로 만족한다. 삶이 엄청나게 가속하는 가운데 정신과 눈은 반쪽짜리거나 그릇된 보기와 판단하기에 익숙해지고, 누구나 달리는 열차 안에서 내다보며 땅과 구름을 배우는 여행자를 닮아간다. 독립적이고 신중한 인식 태도는 일종의 미친 짓으로 취급되다시피 하고, 자유로운 정신은 비난의 대상이다."[39] 니체는 당대의 순응주의에 항의하고 나서 이렇게 말을 잇는다. "방금 외친 것과 같은 항의는 아마도 전성기를 맞게 될 것이며 언젠가 관조의 정령Genius이 막강하게 회귀할 때 저절로 그칠 것이다." 관조의 정령 곧 자유로운 정신은 무위 안에서 빛난다. "행위하는 자들", "쉼

없는 자들"이 지금보다 더 높이 평가받은 적은 없다고, 그리하여 우리 문명이 "새로운 야만"으로 전락했다고 니체는 단언한다. 인류의 특징에 반드시 가해야 할 수정은 "관조적 성분을 대폭 강화하는 것"을 포함한다.[40]

생산 강제가 언어를 장악하면, 언어는 노동 모드로 전환된다. 그러면 언어는 정보 운반자로 쪼그라든다. 즉, 한낱 소통 수단이 된다. 정보는 **언어의 행위 형태**다. 반면에 시詩 쓰기는 정보로서의 언어를 무력화한다. 시 쓰기에서 언어는 관조 모드로 전환된다. 즉, 언어가 무위하게 된다. "시 쓰기는 언어가 소통 기능과 정보 전달 기능을 중단한 […] 순간이다. 혹은 […] 언어가 가만히 쉬면서 자신의 발언 능력을 고찰하는 방식으로 새로운 사용 가능성들을 여는 순간이다. 따라서 단테의 〈신생新生, Vita nuova〉이나 레오파르디의 〈노래들Canti〉은 이탈리아어의 관조하기다."[41] 우리 행위하는 자들은 이제 시를 거의 읽지 않는다. 관조하는 능력의 상실은 우리가 언어를 대하는 태도에 영향을 미친다. 정보 및 소통 도취에 빠진 우리는 언어를 관조하기로서의 시 쓰기를 멀리한다. 심지어 우리는 시 쓰기를 증오하기 시작한다.

언어가 단지 노동하고 정보를 생산하기만 하면, 언어는 모든 찬란함을 잃는다. 언어는 맥을 잃고 같음을 재생산한다. 프랑스 작가 미셸 뷔토르는 현재 문학이 처한 위기를 소통 탓으로 돌린다. "10년이나 20년 전부터 문학에서는 거의 아무 일도 일어나지 않았다. 출판물은 홍수를 이루지만, 정신은 멈춰 있다. 원인은 소통의 위기. 새로운 소통 수단들은 감탄을 자아내지만 엄청난 소음을 일으킨다."[42] 소통 소음은 **고요**를 파괴하고 언어로부터 관조하는 능력을 앗아간다. 그리하여 언어는 새로운 표현 가능성들을 열지 못한다.

자본은 **순수한 형태의 행위**요, 삶의 내재성을 정복하고 남김없이 착취하는 초월성이다. 자본은 삶으로부터 벌거벗은 삶을, **노동하는** 삶을 선별한다. 인간은 **노동하는 동물**로 전락한다. 자유도 착취된다. 마르크스에 따르면, 자유 경쟁이란 다름 아니라 "자본이 다른 자본으로서의 자기 자신과 맺는 관계"다.[43] 우리가 자유로운 시합에서 서로 경쟁하는 동안, 자본은 계속 번식한다. 오직 자본만 자유롭다. "자유 경쟁에서 자유로운 지위에 오르는 것은 개인들이 아니라 자본이다."[44] 자신이 자유롭다고 여기는 개인들은 원리적으로 자본의 성기性器들이다. 자본은 번식하기 위해 그 성기들을 사용한다. 자유와 성과의 신자유주의적인 과도함은 다름 아니라 자본의 과도함이다.

무위의 정치는 삶을 삶 자신으로부터 소외시키는 초월로부터 삶의 내재성을 해방한다. 무위할 때 비로소 우리는 우리 자신이 발 디딘 바닥을, 그리고 우리를 둘러싼 공간을 지각한다. 삶은 관조 모드로 전환되고 제자리로 돌아가는 흔들이처럼 삶의 은밀한 존재 근거로 돌아간다. 삶이 삶 자신을 발견하고 응시한다. 삶이 삶 자신의 깊은 내재성에 도달한다. 무위가 비로소 우리를 삶의 비밀에 입문시킨다.

들뢰즈가 보기에 삶의 내재성은 다름 아니라 행복이다. "순수한 내재성은 하나의 삶이며 다른 무엇도 아니라고 사람들은 말하고 싶어 한다. 그 내재성은 삶 안에 내재함이 아니라 무無 안에 있는 내재하는 놈으로서 그 자체로 삶이다. 하나의 삶은 […] 절대적 내재성이다. 완전한 능력이요, 완전한 행복이다."[45] 삶으로서의 내재성은 **관조 모드의 삶**이다. 내재성으로서의 삶은 **행위하지 않는** 능력이다. 그렇기 때문에 그 삶은 "무 안에 있는 내재하는 놈"이다. 왜냐하면 그 삶은 무엇에도 예속되어 있지 않고 무엇에도 의존하지 않기 때문이다. 삶은 삶 자신과 관계 맺으며 자신 안에 고요히 머무른다. 내재성은 삶 자신에 속한 삶, 자족하는 삶의 특징이다. 이 자족성이야말로 행복이다. 이 자족성은 무위하면서 그야말로 찬란하게 빛나는 어린아이들의 특징이다. "어린아이들은 내재적인 삶에 흠뻑 물든다. 그 삶은 순수한 능력이며 심지어 고통과 허약함을 훌쩍 넘어선 행복이다." 저 "순수한 능력"은 **"순수하며 인식 없는 관조**pure contemplation sans connaissance**"**로, "인식 없는 바라보기"로 표출된다.[46] 그 능력은 관조하는 능력, **행위하지 않는** 능력이다.

들뢰즈가 말하는 "내재적인 삶"으로 충분한 아이들은 한트케가 말하는 "아주 작은 아이들"과 닮았다. 아주 작은 아이들은 무위하며 행복하게 길을 잃는다. "여기 리나레스(스페인 남부의 도시—옮긴이)에서 나는 매일 저녁 많은 아주 작은 아이들이 […] 지쳐가는 것을 구경했다. 탐욕도 없고, 손에 움켜쥐는 것도 없고, 오직 놀이뿐이었다."[47] 한트케가 〈피로에 관한 시론試論〉에서 거론하는 "근본적인", "미적인 피로"는 **행위하지 않는** "순수한 능력"의 거울상이다. "승자가 아니라 지친 자를 위해 핀다로스의 찬가를! 오순절에 모여 성령을 영접한 사람들이 모두 지쳐 있었다고 나는 상상한다. 피로의 영감은 무엇을 해야 할지는 덜 말해주는 대신에 무엇을 하지 않아도 되는지 말해준다."[48] 한트케가 말하는 **미적인 피로**는 무능력으로서의 피로, 무언가를 할 능력이 없음으로서의 세속적 피로와 다르다. 그 미적인 피로는 **순수한 능력**으로서 어떤 **위하여**에도, 어떤 목적과 목표에도 종속되지 않는다. 피로한 자는 무언가를 하지만, **어떤 성과를 내려고 하지는 않는다**. 그는 항상 움직이지만 무언가를 **실행**하거나 **실현**하지 않는 아이와 닮았다.

《특성 없는 남자》의 한 대목에서 로베르트 무질은 **무위의 나라**를 묘사한다. 그 나라는 말하자면 **영원한 안식일**이다. "무위라는 마법의 정신"이 세계를 "관조 상태"로 만든다. "그 나라에서 당신은 아주 고요해야 한다. […] 사업할 때의 사리 분별도 내려놓아야 한다. 당신 자신의 정신으로부터 모든 도구를 박탈해야 하고, 정신이 도구처럼 종사하는 것을 막아야 한다. […] 머리, 심장, 팔다리가 완전히 고요해질 때까지 당신은 멈춰 있어야 한다. 그렇게 최고의 몰아 상태에 도달하면, 마치 세계를 양분했던 […] 쐐기가 빠져나간 것처럼 마침내 외부와 내부가 맞닿는다!"[49] 무질이 말하는 "대낮처럼 환한 신비주의"는 "다른 상태"를 낳는다. 그 신비주의는 사물들을 제각각 고립시키는 온갖 분리를 거둔다. 그리하여 사물들은 "꿈 상태"에서처럼 서로에게로 흘러 뒤섞인다. **무위의 풍경**에는 분리하는 경계가 없다. 사물들은 통일되고 조화된다. 사물들은 서로를 통과시키고 서로에게 스며든다. "이렇게 말하고 싶다. 개별자들은 우리의 주목을 요구할 때 발휘하던 이기심을 잃었다. 오히려 사물들은 형제 사이이며 말 그대로 '내밀하게' 서로 연결되어 있다."[50]

"미적인 피로"는 관조 모드의 정신이 띤 특징이다. 미적으로 피로한 자의 눈앞에 화해 상태의 세계가 열린다. "모두 함께"는 화해의 공식이다. "타자는 또한 나가 된다. 저기 두 명의 아이는 나의 피로한 눈앞에서 이제 나다. 누나가 어린 동생을 끌고 식당 안을 누비는 모습이 납득할 만하고 또한 가치가 있다. 그리고 아무것도 다른 것보다 더 가치 있지 않다. 피로한 자의 손목에 떨어지는 비는 강 너머 행인들의 모습과 가치가 같다. 좋기도 하고 아름답기도 하다. 또한 적절해서, 앞으로도 계속 그러해야 한다. 또한 무엇보다도 진실하다."[51] 진실의 심층적인 의미는 사물들의 "들어맞게-어울림Überein-Stimmung"(저자는 들어맞음을 뜻하는 Übereinstimmung을 Überein-Stimmung으로 분철하여 하이데거 철학에서 중요한 개념인 Stimmung을 부각하는 것으로 보인다. Stimmung은 "기분", "분위기" 또는 "어울림"을 뜻한다—옮긴이)이다. 진실과 아름다움은 서로 가까워지며 우호성으로 수렴한다. **무위의 풍경** 안에서 사물들이 서로 혼인한다. 사물들이 **빛난다**. 무위 모드의 정신을 일컬어 **광채**Strahlen라고 한다. "세잔은 거의 늘 모든 것의 결혼식—혼인—을 이뤄낸다. 나무가 비가 되고, 바람이 돌이 되고, 한 사물이 다른 사물을 향해 나아간다. 지상

의 풍경이 미소 짓는다."[52] **무위의 풍경** 안에서는 어떤 놈
도 자기와 타자 사이에 경계를 긋지 않는다. 어떤 놈도
자기를 고수하지 않는다. "푸르고 알싸한 소나무 향기"가
"돌 냄새와, 먼 생빅투아르 산의 대리석 향기와" "혼인한
다."[53] 세잔의 **무위의 풍경**을 뒤덮고 광채를 발하는 우호
성은 사물들의 화음에서 깨어난다. "모든 음이 서로에게
스며들고, 모든 형태가 빙빙 돌며 얽힌다. 여기에 관련이
있다."[54] 사물들이 노골적으로 관계 맺는다. "이 잔들이,
이 접시들이 서로 대화하고 끊임없이 친밀감을 주고받는
다."[55] 그리기란 다름 아니라 "이 모든 사물의 우호성을
너른 허공에 풀어놓기"이다.[56] 그리기는 사물들의 **들어맞
음**을, 바꿔 말해 사물들의 **진실**을 표현한다. 사물들은 선
명한 분리와 극명한 대비를 통해 서로 갈라서지만, 그 분
리와 대비는 피상적인 현상이다. 존재의 심층에서 그것
들은 거둬진다(지양된다).

　존재의 연속성을 파괴하는 것은 인간의 의도와 판단이
다. 세잔은 이렇게 쓴다. "왜 우리는 세계를 조각조각 분
할할까? 이 분할은 우리의 이기심을 반영할까? 우리는
모든 것을 우리가 사용할 물건으로 만들고자 한다."[57] 인
간은 사물들을 자신의 의도와 행위에 예속시킨다. 사물
들이 그런 인간적 의도와 행위에서 해방되어 고유의 우

아한 광채를 발하려면, 인간이 뒤로 물러나야 한다. "우리는 인간이 창조한 세계 안에서, 사용대상들 사이에서, 집 안에서, 길거리에서, 도시에서 산다. 그리고 거의 모든 시간에 우리는 이 모든 사물을 수단이나 대상으로 삼아서 할 수 있는 **인간적 행위의 관점**에서만 그 모든 사물을 본다."[58] 세잔의 **무위의 풍경**은 인간화된 자연과 결별하고 **인간화되지 않은 사물들의 질서**를 재건한다. 그 질서 안에서 사물들은 사물들 자신으로 돌아간다. 따라서 세잔의 사과는 **먹어 치우기에 적합하지 않다**. 세잔의 단지와 접시는 위하여에, 곧 인간의 목적에 예속되어 있는 "도구"가 아니다. 오히려 그것들은 고유한 존엄성을, 고유한 찬란함을 지녔다.

이상적인 화가는 모든 행위, 모든 의도를 내려놓고 모든 일이 저절로 일어나게 놔둔다. 화가가 **없는 놈**Niemand이 되는 순간, 그림이 이루어진다. "아! 사람이 풍경을 그린 적이 없다. 사람이 있으면 안 된다. 사람은 완전히 풍경 안으로 들어가 있어야 한다."[59] 화가는 그리면서 **자기를 없앤다**. 풍경 안에서 **자기를 잃는다**. 화가는 풍경을 "무의식적으로" 화폭에 옮긴다. 무한한 풍경이 붓끝으로 들어가 스스로 자신을 그린다. 세잔의 무위 촉구는 **침묵 촉구**다. 의지와 의도와 취향을 품고 **소음을 내는 나**는 사라져야 한다. 세잔은 화가의 과제에 관하여 이렇게 말한다. "그의 의지 전체가 침묵해야 한다. 그는 모든 선입견의 목소리를 침묵시켜야 하고, 망각하고, 망각하고, 침묵하면서, 완벽한 메아리가 되어야 한다. 그러면 빛에 민감한 그의 화판에 풍경 전체가 모사될 것이다."[60]

세잔이 보기에 무위는 인간 실존의 이상이다. 그의 그림들은 **무위의 기풍**으로 물들어 있다. 회화 연작 〈카드놀이하는 사람들〉을 다루는 어느 논평의 한 대목은 이러하다. "세잔은 놀이하거나 **무위하는** 농부들을 보여준다. 피상적인 사회주의를 내팽개치고 일없이 노는 농부들. 세잔은 인간이 노동, 수고, 부담으로부터 최종적으로 해방되는 날을 미리 보여준다."[61] 회화 연작 〈목욕하는 사람들〉은 **무위의 유토피아**를 묘사한다. 무위의 찬란함 속에서 인간과 자연이 융합한다. 인간과 자연이 서로에게로 침투한다. 몇몇 작품에서 목욕하는 사람들은 정말로 풍경 안으로 흘러든다. 어떤 행위도, 어떤 의도도 인간과 자연을 떼어놓지 않는다. 〈목욕하는 사람들〉은 구원받은 상태의 세계를 보여준다. 인간과 자연의 화해는 **무위의 정치**가 추구하는 최종 목적이다.

폴 세잔, 〈목욕하는 사람들 Les Grandes Baigneuses〉, 1906.

장자에게 붙이는 사족

클라이스트의 〈인형극에 관하여〉의 속편처럼 읽히는 한 일화에서 장자莊子는 어느 요리사에 관한 이야기를 들려준다. 알고 보니 그 요리사는 무위의 달인이다. 그는 아무것도 안 하기를 연습한다. 의도적으로 사물에 개입하는 대신에, 사물 안에 이미 깃들어 있는 **가능성들**을 이용한다. 그는 소의 몸에 이미 있는 틈새를 따라 칼을 그어 소를 해체한다. 능숙한 요리사는 칼을 거의 바꾸지 않는다고, 왜냐하면 결 따라 베기 때문이라고, 그는 설명한다. 반면에 서투른 요리사는 툭하면 칼을 바꾼다. 왜냐하면 온 힘을 다해 **토막 내기** 때문이다. 장자가 소개하는 요리사는 힘을 조금도 쓰지 않고 소를 해체한다. "나는 조심스럽고 신중하게 어디에서 멈춰야 할지 살펴보면서 아주

천천히, 칼의 움직임이 거의 보이지 않을 정도로 작업을 진행한다. 그러면 어느 순간에 그놈[소]이 해체된 상태로 흙덩이처럼 바닥에 떨어진다."[62] 장자는 그 해체 작업을 **강제와 의도 없이 일어나는 일**로 묘사한다. 그의 요리사는 실은 행위하지 않는다. 그는 **단지 벌어지는 일**에, 말하자면 스스로 슬며시 유도하는 일에 **참관할 따름이다**. 소가 마치 저절로 해체되는 것처럼 해체되고 나면, 그의 개입 없이 벌어진 그 경이로운 일에 그 자신도 깜짝 놀란다.

  유명한 자연농법 개척자 후쿠오카 마사노부는 장자가 가르친 무위를 일관되게 실천한다. 그는 자신의 농사 방법을 "무위농법"이라고 부르며, 근대 농업기술이 부드러운 자연의 법칙을 파괴한다고 확신한다. 그 기술은 해법을 제공하긴 하지만, 그 해법은 그 기술 자신이 야기한 문제들의 해법일 따름이다. 무위농법은 장자의 요리사처럼 이미 자연에 깃들어 있는 가능성들 혹은 힘들을 이용한다. 장자라면, **지혜로운 농부는 밭을 갈지 않는다**, 라고 말했을 터이다. 실제로 후쿠오카의 무위농법은 밭 갈기 없이 이루어진다. "[무위농법의] 첫째 원리는 토지를 가공하지 않는 것이다. 즉, 흙을 갈아엎지 않는 것이다. 수백 년 전부터 농부들은 밭 갈기가 농작물 재배에 불가결하다고 여겨왔다. 그러나 자연농법을 위해서는 경작하지 않기가 근본적으로 중요하다. 토지가 토지 자신을 자연적인 방식으로 일군다. 땅속에서 뻗어나가는 식물들의 뿌리와 미생물, 작은 동물, 지렁이의 도움을 받아서 말이다. […] 사람들은 자연에 개입하는데, 그러면서 아무리 애쓰더라도, 그 개입이 유발하는 상처를 치유할 수 없다. […] 반면에 토지를 그냥 놔두면, 토지는 자연적인 방식으로, 또 식물 및 동물 생명의 순환과 조화를 이루며 비옥함을 유지한다."[63] 장자의 요리사와 마찬가지로 능숙한 농부는 자신의 일을 벌어지는 대로 놔두기로 간주한다. 그의 기조는 무위다. 다음과 같은 후쿠오카의 말은 장자의 격언처럼 들린다. "나무를 정성 들여 심고 처음부터 나무의 자연적인 형태대로 놔두면, 가지치기나 온갖 농약은 필요하지 않다."[64] 하이데거도 장자의 무위 철학에 접근한다. 하이데거의 "놔두기Gelassenheit"는 무위의 면모를 포함하고 있다. 사람들은 땅을 땅 자신의 "대수롭지 않게 보이는 가능성 법칙"으로부터 떼어내어 총체적인 처분 가능하게 만들기에 예속함으로써 땅을 파괴한다. "기술에서 보편적으로 적용되는 의지가 비로소 땅을 강제하여 지치게 만들고 완전히 사용되게 만들고 인위적인 변화를 겪게 만든다. 의지가 땅을 강제하여 자연적으로 형성된 땅의 가능성의 범위를 벗어나 가능하지 않으며 따라서 불가능한 무언가가 되도록 만든다."[65] 땅을 구원하는 길은 땅을 **가능성 안에**, 자연적으로 성장한 **땅의 가능성의 범위 안에 놔두는 것**이다. 하이데거의 **무위 윤리**의 핵심은 불가능한 것을 강제하지 않으면서 **가능성**을 활용하는 것이다.

행위에서 존재로

〈새로운 천사〉라는 이름이 붙은 파울 클레의 회화가 있다. 천사를 묘사한 작품인데, 그 천사는 지금 응시하고 있는 무언가로부터 막 달아나려는 참인 것처럼 보인다. 천사는 휘둥그레진 눈에 입을 벌렸으며 날개를 펼쳤다. 역사의 천사Der Engel der Geschichte가 필시 그런 모습일 터이다. 역사의 천사는 과거를 바라보고 있다. **우리가** 일련의 사건들을 보는 곳에서, 그 천사는 단 하나의 파국을 본다. 그 파국은 끊임없이 폐허 위에 폐허를 쌓아 천사의 발 앞에 던져 놓는다. 천사는 아마 하염없이 머무르고 싶을 것이다. 죽은 자들을 깨우고 파괴된 잔해들을 짜 맞추고 싶을 것이다. 그러나 낙원으로부터 폭풍이 불어온다. 천사의 날개가 그 거센 바람을 받아 안아, 천사는 날개를 접을 수 없다. 폭풍이 천사를 등 뒤편의 미래

파울 클레, 〈새로운 천사Angelus Novus〉, 1920.

로 몰아가는 동안, 천사 앞의 폐허 더미는 점점 더 높이 솟는다. 우리가 말하는 진보는 바로 **이 폭풍**이다.

– 발터 벤야민

한나 아렌트는 20세기를 행위의 시대로 규정한다. 그 시대에는 우리가 자연을 대하는 태도의 핵심 특징도 경탄하며 응시하기가 아니라 오로지 행위하기였다. 인간은 인간관계의 범위를 넘어서 자연에 행위를 가한다. 즉, 인간은 자연을 자신의 자유재량에 철저히 종속시킨다. 그럼으로써 인간은 그의 개입이 없었다면 일어나지 않았을 과정들을 촉발하고, 그 과정들은 완전한 통제 상실로 이어진다. "마치 우리가 우리 자신의 예측 불가능성을, 곧 어떤 인간도 자기 행위의 결과들을 완전히 굽어볼 수 없다는 사실을 자연 자체에 옮겨놓음으로써, 다름 아니라 우리 자신이 탁월한 의미에서 예측 불가능한 놈들이며 결코 절대적으로 신뢰할 수 없는 놈들이기 때문에 우리는 유독 자연법칙의 무조건적 타당성만큼은 기꺼이 신뢰했는데, 그런 과거의 자연법칙을 유형이 전혀 다른, 인간의 행위에 관한, 절대로 보편적으로 타당하거나 무조건 신뢰할 만할 수 없는 법칙들의 영역으로 옮겨놓기라도 한 것 같다."[66]

인류세는 자연이 인간의 행위에 완전히 종속된 데서 나온 결과다. 자연은 독자성과 존엄을 완전히 잃어간다. 자연은 인간 역사의 한 성분으로, 부록으로 격하된다. 자연의 법칙성은 인간의 자의에, 인간 행위의 예측 불가능성에 종속된다. 우리는 행위함으로써 역사를 **만든다.** 이제 우리는 자연을 인간의 행위에 의해 제작된 맥락 안에 완전히 녹여 넣음으로써 자연을 **만들고 있다.** 인간의 행위가 자연을 완전히 흡수하고 착취하는 역사적 시기, 바로 이것이 인류세다.

인간의 행위가 자연에 가해진 것에서 비롯된 파국적 귀결들이 뚜렷이 드러나고 있는 지금, 우리는 무엇을 해야 할까? 아렌트는 해결책을 제시할 수 없다고 솔직히 고백한다. 그녀는 자신의 숙고를 통해 "그 중대성과 위험성이 전례 없이 공개적이며 노골적인 방식으로 드러난 행위의 본질과 가능성들을 탐구할 것"을 독려하고자 할 따름이다. 더 나아가 그녀는 "우리 자신의 시대와 우리의 경험들에 적합한 정치철학을 어쩌면 아직 먼 미래의 최종 결과로 가질 법한" "성찰Besinnung"의 물꼬를 트고자 한다.[67]

인간 행위를 둘러싼 문제들의 지형 전체를 다루는 저 "성찰"에서 귀결될 법한 "정치철학"은 어떤 것일까? 행위

를 비판하는 철학일까? 《행위하는 삶Vita activa》(먼저 출간
된 영어판 제목은 《인간의 조건The Human Condition》 ─ 옮긴이)에서
아렌트는 인간의 행위를 다루면서 주로 인간 행위의 중
대성과 존엄성을 서술한다. 진정한 의미의 행위는 역사
를 만들어낸다. 그녀는 단지 인간 행위의 귀결들을 예견
할 수 없다는 점에서만 인간 행위의 위험성을 본다. 훗날
의 저술에서도 그녀는 이미 당대에 이론의 여지 없이 불
거진 재앙들이 인간 행위의 탓일 가능성을 전혀 고려하
지 않는다. 근본적인 성찰이 먼 미래에 낳을 결과로서의
철학은 다름 아니라 인간의 **행위하지 않는** 능력을 대상으
로 삼아야 마땅할 것이다.

　'행위하다'는 미래를 위한 동사다. 발터 벤야민이 묘사
하는 **미래의 천사**는 인간 행위의 파국적 귀결들에 직면한
다. 그의 앞에서 폐허 더미가 솟아오른다. 하지만 그는
그 폐허 더미를 치울 수 없다. 왜냐하면 미래에서 불어오
는, 진보라는 이름의 폭풍이 그를 휩쓸어가기 때문이다.
그의 휘둥그레진 눈과 벌어진 입은 그의 무력함을, 그의
당황을 반영한다. 인간의 역사는 지속되는 파멸이다. **사
건 없는 파멸. 사건 없는 지금의 연속**은 파국적인 재난이다.
"진보의 개념은 파국에 대한 생각을 기반으로 삼아야 한
다. '이렇게 계속' 진행된다는 것이야말로 파국이다. 파국

은 그때그때 임박한 바가 아니라 그때그때 주어진 바다. […] 지옥은 우리에게 임박한 무언가가 아니라 여기 이 삶이다."[68] 파국적인 것은 예기치 못한 사건의 돌발이 아니라 계속-이렇게의 연속, 같음의 연속적 반복이다. 그런 파국에서는 가장 새로운 것조차도 같은 것으로 드러난다. "여기에서 핵심은 […] 가장 새로운 것에서도 세계의 얼굴이 전혀 변화하지 않는다는 점, 이 가장 새로운 것이 모든 면에서 늘 기존의 그것으로 머무른다는 점이다. 이것이 바로 영원한 지옥이다."[69] 그렇다면 구원은 **지금과의** 근본적 **단절**에 있다. 오직 **무위의 천사**만이 불가피하게 파멸로 이어지는 인간 행위에 멈춤을 명령할 수 있을 터이다.

아렌트의 《행위하는 삶》이 출판되기 몇 년 전에 하이데거는 〈학문과 성찰〉이라는 제목의 강의를 했다. 앞으로 밀고나가는 행위와 정반대로 성찰은 우리 자신이 **항상 이미 있는** 곳으로 우리를 다시 데려간다. 성찰은 우리에게 모든 행위에 선행하는, 말하자면 모든 행위보다 **먼저 머물러 있는** 거기-있음Da-Sein(현존을 뜻하는 Dasein을 분철한 표현—옮긴이)을 열어준다. 성찰에는 무위의 차원이 깃들어 있다. 성찰은 **존재하는** 것에게 자기를 넘겨준다. "실사Sache, 實事가 스스로 택한 방향을 택하기를 일컬어 우리 언어에서 sinnan(영어에서 '돌보기care for'를 뜻함—옮긴이)

60

곧 성찰하기sinnen라고 한다. […] 그것[성찰]은 의심스러운 것을 향하도록 놔두기다. 이렇게 이해된 성찰을 통하여 우리는, 우리 자신이 이 머무름을 경험하고 통찰하지 못한 채로 오래전부터 머물러온 그곳에 도달한다. 성찰할 때 우리가 향하는 장소는, 거기로부터 비로소 우리의 그때그때의 행위와 놔두기가 가로지르는 공간이 열리는 그런 장소다." [70]

성찰은 **행위하지 않는** 능력이다. 성찰은 **중단**으로서의 멈춤, 무위로서의 멈춤을 함축한다. 하이데거는《검은 노트》에서 이렇게 쓴다. "**무위하는 성찰**의 고요한 힘에 대한 어렴풋한 감Ahnung이 사라진다면, 어떻게 될까?" [71] 어렴풋한 감은 결함 있는 앎이 아니다. 오히려 어렴풋한 감은 우리에게 **존재**를, 명제적인 앎이 포착하지 못하는 **거기**Da를 열어준다. 어렴풋함 감을 통하여 비로소 우리는 인간이 항상 이미 머물러 있는 장소에 접근할 수 있다. "어렴풋한 감은 계산적으로 생각되는 통상적인 예감처럼 미래의 시간성과 단지 임박한 시간성만 향하는 것이 전혀 아니다. 어렴풋한 감은 시간성 전체를, 거기의 시간-놀이공간Zeit-Spiel-Raum des Da을 가로지르고 측량한다." [72] 어렴풋한 감은 "앎의 계단에 딸린 예비 단계"가 아니다. 오히려 어렴풋한 감은, 알 수 있는 모든 것이 그 안에서 장소

를 가지는Stätte haben, 곧 일어나는statt-findet(장소를-발견하
는) 그런 "회관會館, Halle"을 접근할 수 있게 한다.[73] 하이
데거의 사상은 저 원초적인 **거기**를, 명제적인 앎이 포착
할 수 없는 **거기**를 줄기차게 맴돈다.

"무위하는 성찰"은 **거기의 마법**을 향한다. 행위는 그 마
법에 접근하지 못하지만 말이다. 성찰의 발걸음은 "앞으
로 나아가는 것이 아니라, 우리가 이미 있는 곳으로 돌아
간다."[74] 그 발걸음은 우리를 "우리가 이미 머무르는 영
역"에 "도달하게"[75] 한다. 이 **거기**(영역)는 근본적으로 내
재적이어서 우리에게 **너무 가까이** 있고, 따라서 우리는 이
거기를 계속 간과한다. 이 거기는 가장 가까운 대상보다
더 가까운 "너무 가까운 곳Übernahe"이다. 행위하기만 하
는 사람은 이 거기를 불가피하게 뛰어넘는다. 이 거기는
오로지 무위하는, 관조하는 머무르기에게만 자기를 열
어준다. 이 선先명제적인 거기를 언어로 표현하기 위하
여 하이데거는 풍부한 무위의 어휘를 동원한다. 그는 기
다리기도 언급한다. "기다리기는 모든 추진력을 능가하
는 능력이다. 기다릴 수 있는 사람은 모든 해내기와 성과
보다 우월하다."[76] 지향 없이 기다릴 때, 기다리며 하염
없이 머무를 때 비로소 인간은 그 자신이 항상 이미 속해
있는 공간을 알아챈다. "기다릴 때, 인간임은 응축하여 자

신이 속한 곳을 알아챔이 된다."[77] "무위하는 성찰"은 대수롭지 않게 보이는 것, 실행할 수 없는 것, 처분할 수 없는 것, 모든 효용과 목적을 벗어난 그것의 찬란함을 감지한다. "성찰의 빈곤함은 오히려 절대로 계산에 포함될 수 없는 저 무용한 것의 찬란함으로 풍요롭게 빛나는 부유함을 약속한다."[78]

거기를 언어로 표시하는 것은 만만치 않은 일이다. 왜냐하면 거기는 명제적인 것을 벗어나기 때문이다. 거기는 생각하기에서도, 직관하기에서도 발견되지 않는다. 망막보다 소름이 거기에 더 가까이 접근한다. 거기는 **선先반성적으로** 열린다. 거기-있음은 맨 먼저 **기분에 처해** 있음Gestimmt-Sein으로 표출된다. 기분에 처해 있음은 **의식-있음**Bewusst-Sein보다도 선행한다. 기분Stimmung은 객관적 세계를 물들이는 주관적 상태가 아니다. 기분은 세계다. 기분은 대상보다 **더 객관적이다.** 물론 그럼에도 기분은 대상이 아니지만 말이다. 내가 나의 주의를 대상을 향해 돌리기 전에, 나는 이미 **기분이 정해진**be-stimmt 세계 안에 **처해 있다.** 처해 있음으로서의 기분은 모든 대상 관련 지향성에 선행한다. "기분이 전체로서의 세계 안에 있음을 항상 이미 열어놓았으며 무언가를 향하기를 비로소 가능하게 만든다."[79] 기분은 우리에게 공간을 열어주고,

그 공간 안에서 비로소 우리는 존재자와 마주친다. 기분은 존재를 계시啓示한다.

우리는 기분을 내키는 대로 처분할 수 없다. 기분은 우리를 덮친다. 기분을 의도적으로 만들어내는 것은 불가능하다. 행위가 아니라 존재론적 근원 수동성으로서의 던져져-있음이 우리의 근원적인 세계-안에-있음을 규정한다. 기분 안에서 세계가 자신의 처분 불가능성을 계시한다. 기분은 모든 행위에 선행하며 또한 모든 행위를 **규정한다**(기분을 정한다be-stimmend). 모든 행위는 우리가 의식하지 못하는 방식으로 **규정되어 있다**(기분이 정해져 있다be-stimmt). 요컨대 기분은 활동과 행위를 위한 **선반성적 기틀**을 이룬다. 그래서 기분은 **특정한**(기분이 정해진be-stimmt) 행위들을 장려하기도 하고 저지하기도 한다. 능동성의 가장 깊은 내부에 수동성이 깃들어 있다. 따라서 행위와 활동은 완전히 자유롭거나 자발적이지 않다.

생각하기도 순수하게 능동적이고 자발적인 활동이 아니다. 생각하기에 깃든 관조적 차원은 생각하기를 **부응하기**Entsprechen로 만든다. 생각하기는 "존재의 목소리로서 우리에게 다가오는 것"에 의해 **특정됨**(기분이 정해짐)으로써 그것에 부응한다. 생각하기란 **"우리의 귀를 열기"**, 곧 귀 기울여 듣기다. 말하기는 경청하기와 부응하기를 전제한다.

"철학이란 작심하고 실행하는 부응하기다. 이 부응하기는 존재자의 존재가 걸어오는 말을 유념하는 한에서 말한다. [⋯] 부응하기는 우연적이며 때때로인 방식으로가 아니라 필연적이고 항상인 방식으로 기분에 처해 있다. 부응하기는 기분에 처해 있음 안에 있다. 그리고 기분에 처해 있음(성향disposition)에 기초하여 비로소 부응하기의 말하기는 명확성을, 특정성(기분이 정해져 있음)을 얻는다."[80] 기분은 불특정하거나 모호하지 않다. 오히려 기분은 생각에 **특정성**(기분이 정해져 있음)을 부여한다. 기분은 단어들과 개념들을 농축하여 **특정한**(기분이 정해진) 생각하기로 만드는 중력이다. 기분이 선반성적 수준에서 생각하기에게 특정한(기분이 정해져 있는) 방향을 준다. 기분이 없으면 생각하기는 목적지가 없다. 즉, **규정**(기분 정함Be-stimmung)이 없다. 그런 생각하기는 완전히 불특정하고(기분이 정해져 있지 않고unbe-stimmt) 자의적이다. "근본 기분이 없으면 모든 것은 개념들과 단어 껍질들의 강제된 덜그럭거림이다."[81]

생각하기는 항상 이미 **기분에 처해 있다.** 즉, 생각하기는 항상 이미 생각하기에 **바탕색을 칠하는** 기분에 내맡겨져 있다. 생각하기의 선반성적 바탕칠은 모든 생각에 선행한다. "모든 본질적인 생각하기는 생각들과 문장들이 매번 새롭게 근본 기분으로부터 마치 광물처럼 채굴될 것을 요구한다." [82] 하이데거는 생각하기에 내재하는 수동성의 층을 발굴하려 애쓴다. 그는 생각함의 가장 깊은 내면은 **열정**pathos이라고 여긴다. "[…] **열정**은 **받음**, 당함, 감수함, 견딤, 참아냄, 운반됨, 기분이 정해짐과 관련이 있다." [83]

인공지능은 **겪을 능력**이 없으며, 다른 문제를 제쳐두더라도 그 능력의 부재 때문에 생각할 수 없다. 당함과 감수함은 기계로 성취할 수 없는 상태들이다. 무엇보다도 기계는 관조하는 무위를 모른다. 기계가 아는 상태는 두가지, 켜짐과 꺼짐뿐이다. 관조하는 상태는 그저 기능을 중지함을 통하여 발생하지 않는다. 엄밀히 말하면 기계는 행위하지도 않고 무위하지도 않는다. 행위와 무위의 관계는 빛과 그림자의 관계와 같다. 그림자는 빛을 조형한다. 즉, 빛에 윤곽을 부여한다. 그림자와 빛은 서로의 조건이다. 이와 마찬가지로 행위와 무위를 생각하기의 두 가지 상태 혹은 모드로, 더 나아가 정신의 두 가지 모드로 간주할 수 있다. 생각하기는 빛과 그림자로 짜인 직물이다. 반면에 기계 지능은 빛도 모르고 그림자도 모른다. 기계 지능은 **투명하다**.

관조는 생산과 맞선다. 관조는 **이미 주어진 것**으로서의 처분 불가능한 것에 적합하다. **생각하기는 항상 받다**. 생각하기에 내재하는 선물의 차원은 생각하기를 감사하기로 만든다. 감사하기로서의 생각하기에서 의지는 완전히 물러난다. "너그러운 고결함은, 의지하기를 거부하면서 의지가 아닌 무언가에 관여하는 저 의지하기의 순수한 제자리 지키기일 터이다. 그 고결함은 생각하기의 본질이요 따라서 감사하기의 본질일 터이다."[84]

하이데거가 말하는 "성찰"은 모든 것을 도달 가능하게, 예측 가능하게, 통제 가능하게, 조종 가능하게, 지배 가능하게, 소비 가능하게 만드는 총체적인 처분 가능하게 만들기에 반발한다. 처분 가능하게 만들기는 디지털화에 이르러 새로운 수준에 도달한다. 즉, 처분 가능하게 만들기는 **제작 가능성**을 총체화함으로써 **사실성** 자체를 무력화한다. 디지털 질서는 처분 불가능한 존재 이유를 인정하지 않는다. 디지털 질서의 구호는 "**존재는 정보다**"이다. 정보는 존재를 완전히 처분 가능하게 만든다. 모든 것을 신속하게 처분하고 소비할 수 있으면, 심층적이고 관조적인 주의注意가 형성되지 않는다. 시선은 사냥꾼의 시선처럼 이리저리 돌아다닌다. 그리하여 우리가 **하염없이 머무를 수 있을** 법한 **우뚝한 상대**가 사라진다. 모든 것이 고만고만해지고 단기적인 욕구에 예속된다.

하이데거의 어휘에서는 "단념Verzicht"도 무위와 연결된다. 하이데거가 말하는 단념은 포기나 방치가 전혀 아니다. 무위의 다른 형태들과 마찬가지로 단념은, 의지가 조종하는 행위로는 접근할 수 없는 존재 영역과의 건설적 관계를 창출한다. 단념은 **처분 불가능한 것 앞에서 느끼는 열정**Passion이다. 다름 아니라 단념할 때 우리는 선물을 받을 수 있게 된다. "단념은 받지 않는다. 단념은 준다." 처분 불가능한 것으로서의 존재는 단념 안에서 **자기를 준다**. 그리하여 단념은 "감사"로 뒤집힌다.[85]

하이데거는 우리가 통상적으로 행위 및 성과와 관련 짓는 능력에서도 무위의 차원을 발견한다. 그는 좋아하기와 사랑하기를 출발점으로 삼는다. "'실사' 혹은 '사람'의 본질을 받아들이기, 곧 그를 사랑하기, 그를 좋아하기. 더 근원적으로 생각하면, 이 좋아하기는 본질Wesen을 선물하기다. 이런 좋아하기는 이것이나 저것을 성취하는 것에 그치지 않고 무언가를 그 유래대로 '살아서 활동하게wesen'(옛 독일어 동사 'wesen'은 '살아서 활동하다'를 뜻함—옮긴이) 할 수 있는, 곧 존재하게 할 수 있는 능력의 진짜 본질이다."[86] 그 능력은 실사나 사람을 좋아하면서 그의 본질 안에서 해방한다. 절대화된 인간 행위와 정반대로, **행위하지 않는** 능력은 **가능성**을 이용할 줄 안다. "가능하다möglich"라는 단어 자체가 "좋아하다mögen"에서 유래했다. 가능한 것은 좋아할 만한 것이다. 좋아하기로서의 능력은 가능한 놈, 즉 좋아할 만한 놈을 불가능한 것에게 내맡기지 않고 그놈의 본질 안에 놔둔다. 지구의 구원은 이 같은 **무위의 윤리**에 달려 있다. "죽음을 피할 수 없는 놈들은 지구를 구원하는 한에서 지구에 거주한다. 이때 구원이란 레싱도 알았던 옛날 의미의 구원이다. 구원은 위험으로부터 건져내기만 뜻하는 것이 아니다. '구원하다'의 본래 의미는 '무언가를 그것의 고유한 본질 안으로 풀어놓다'이다." [87]

임박한 자연 재난들 앞에서 '환경보호'는 매우 빈곤한 개념이다. 자연을 대하는 근본적으로 다른 태도가 반드시 필요하다. 지구는 우리가 이제 '더 소중히' 다뤄야 할 '자원'이 아니다. 오히려 우리는 '보살피다schonen'의 본래 의미를 내면화해야 한다. 하이데거는 '보살피다'도 무위에 기초하여, 놔두기에 기초하여 이해한다. "진정한 보살피기는 […] 우리가 무언가를 미리 그것의 본질 안에 놔둘 때, 무언가의 본질을 특별히 회복시킬 때 이루어진다. […] 거주하기의 근본 특징은 이 같은 보살피기다." [88] '보살피다'라는 단어는 '아름답다schön'에서 나왔다. 보살피기는 아름다운 것에 적합하다. 지구는 아름답다. 지구를 보살피라는 명령, 지구의 존엄을 되돌려주라는 명령이 지구로부터 나온다.

물론 인간이 자연에 개입한 탓에 발생한 파국적 귀결들을 제거하기 위해 결연한 행위가 필요하다는 점은 의심할 여지가 없다. 그러나 거침없이 자연을 정복하고 착취하는 인간 행위의 절대화가 임박한 재앙의 원인이라면, 인간 행위 자체를 수정해야 한다. 따라서 **행위에서 관조적 성분이 차지하는 몫**을 높이는 일, 바꿔 말해 행위에 **성찰**을 덧붙이는 일이 반드시 필요하다.

행위, 생산, 성과 강제는 숨 가쁨을 유발한다. 인간은 행위하면서 질식한다. 성찰할 때 비로소 "넉넉한 공간과 신선한 공기가 인간을 둘러싼다."[89] 하이데거의 《검은 노트》에는 다음과 같은 주목할 만한 문구가 등장한다. "존재는 에테르이며, 인간은 그 에테르 안에서 숨 쉰다. 그 에테르가 없으면 인간은 가축들 사이의 한낱 가축으로 전락하고, 인간의 행위 전체가 가축 사육으로 격하된다."[90] 여기에서 하이데거가 다루는 것은 **존재역사적 생명정치**다. 성찰의 결여에서 비롯되는 존재 망각은 우리에게서 호흡을 앗아간다. 그 망각은 인간을 **실험동물**로 격하한다. 이런 관점에서 보면, 무위는 정치적 의미를 띤다. **성찰의 정치**는 인간을 유용한 노동 가축으로 길들이는 강제들을 제거해야 한다.

초기의 하이데거는 아렌트와 마찬가지로 행위의 열정으로 충만하다. 관조적인 무위는 그에게 전혀 낯설다. 그는 인간 실존의 "던져져 있음"을 발견하긴 하지만, 행위를 향한 "결연함"이 그 던져져 있음을 빛바래게 한다. 불안이나 심심함 같은, 실은 행위를 억누르는 기분들도 초기의 하이데거는 행위하라는 촉구로 해석한다. 하이데거가 자신의 초기 사상에 등을 돌리는 단계인 이른바 "전환Kehre"의 핵심 특징은 **행위에서 존재로의 이행**이다.

《존재와 시간》에서 불안은 "근본상태Grundbefindlichkeit"다. 왜냐하면 불안은 "현존재"(인간을 일컫는 존재론적 명칭)를 세계-안에-있음 자체와 맞닥뜨리게 하기 때문이다. 단지 세계 안의 **무언가**와 관련 맺을 뿐인 두려움Furcht과 달리, 불안이 마주하는 것은 **세계 그 자체**다. "불안이 불안해하는 것은 세계-안에-있음 자체다. 불안에 휩싸일 때 […] 세계 안의 존재자는 침몰한다. 그럴 때 '세계'는 아무것도 제공하지 못하며, 타인들의 함께-현존재Mitdasein 역시 마찬가지다."[91] 불안에 휩싸일 때 현존재로부터 미끄러지며 멀어지는 저 '세계'는 그냥 세계가 아니라 우리가 의문 없이 그 안에서 사는 친숙한 일상 세계다. 그 세계를 지배하는 것은 "그들Man", "공적으로 노출된 놈"의 순응성이다. "우리는 **그들**이 향유하는 방식대로 향유하고 즐긴다. 우리는 **그들**이 보고 판단하는 방식대로 보고 판단한다. [⋯] 특정한 놈이 아니며 (총합으로서의 모두는 아니지만) 모두인 그들이 일상의 존재 방식을 지시한다."[92] "아무도 아닌 자"로서의 그들이 진정한 의미의 **행위**를 모면하게 해줌으로써 현존재로부터 결정과 책임의 부담을 덜어준다. "그들"은 현존재에게 미리 제작된 세계를 처분 가능하게 제공한다. 그 세계 안의 모든 것은 이미 해석되어 있고 결정되어 있다. 모두가 의문 없이 받아들이는 생각 및 행동 패턴을 동반한 일상은 "그들"의 구성물이다. 일상은 현존재가 행위하면서 자신의 자기를 오롯이 떠맡는 **누군가**가 되는 것을 방해한다. "그들"은 세계를 보는 독립적 시각을 일절 거부한다. 하이데거는 이런 존재 방식을 "비본래성Uneigentlichkeit" 혹은 "퇴락성Verfallenheit"이라고 부른다. 현존재는 일단 그리고 대개 비본래적으로 존재한다. 그는 가장 고유하게 존재할 수 있을 가능성을 외면한다. 불안이 비로소 "비본래성"에 맞서 자신의 자기일 수 있음을 떠맡을 가능성을, 곧 **행위할** 가능성을 현존재에게 열어준다. 여기에서 하이데거는 불안이 해낼 수 없는 무언가를 기대하는 셈이다. 왜냐하면 불안은 다름아니라 행위의 **불가능성**을 의미하니까 말이다. 그러나 정반대로 하이데거는 단적으로 불안을 가장 고유한 자기를 움켜쥐고 행위하기로 결심할 **가능성**으로 본다.

심심함 역시 하이데거가 보기에는 경험의 알을 품는 꿈 새가 아니다. 불안과 마찬가지로 심심함도 행위하라는 촉구로 해석된다. 불안할 때와 마찬가지로 심심할 때, 세계 곧 존재자 전체가 현존재로부터 미끄러지며 멀어진다. 현존재는 마비시키는 공허에 빠진다. "행위와 놔두기의 가능성"이 모조리 실패한다. 그러나 하이데거는 이 실패하기Versagen를 말하기Sagen로 듣는다. "완전히 실패하는 존재자는 이 실패로 무엇을 말하고 있을까? (…) 바로 그의[현존재의] 행위 및 놔두기의 **가능성**이다."[93] 그 실패하기는 또한 "방치된 가능성들을 통보하기"다. 인간은 영웅적인 결연함으로 그 가능성들을 움켜쥐어야 한다. "지금 여기에서 행위하기로" 결단하라는 절박한 호소가 심심함으로부터 나온다. 이 같은 "가장 고유한 자기"를, 곧 **누군가**임을 향하기로 결단하기를 일컬어 **순간**Augenblick("눈앞의 광경"으로 직역할 수 있음―옮긴이)이라고 한다.[94]

《존재와 시간》을 온통 지배하는 것은 자기와 행위에 대한 강조다. 죽음조차도 자기일 수 있음에 기초하여 이해된다. "자기 자신을 포기할 궁극의 가능성"으로서의 죽음 앞에서 진정한 의미의 **나임**Ich-bin이 깨어난다. **나의** 죽음으로서의 죽음은 자기에 대한 강조와 짝을 이룬다. 그 죽음은 자기의 응축을 일으킨다. 하이데거는 나로 하여금 자기라는 죔쇠를 느슨하게 풀게 만드는 죽음 경험을 여전히 외면한다. 이 죽음의 방식은 이러하다. 죽음 앞에서 나는 나의 자기에 꽉 달라붙지 않고 **나에게 죽음을 준다.** 이 죽음은 나를 해방하여 **타자**로 만든다. 죽음 앞에서 **놔두기가, 세계를 향한 우호성**이 깨어난다.[95]

자기 강조는 행위를 향한 결단과 짝을 이룬다. 자기 강조는 **행위 형태**다. 무위할 때는 결연한 자기가 형성되지 않는다. 무위의 명인은 "나"라고 말하지 않는다. 《존재와 시간》에는 무위가 들어설 공간이 없다. 세계는 한결같이 "행위 세계Werkwelt"다. 사물은 도구Werkzeug다. 모든 것은 **위하여**에 예속되어 있다. 인간 실존의 기본 구조는 "염려 Sorge"다. "일상"은 "**축제**"를 동반하지 않는다. "염려"는 축제와 놀이에서 완전히 거둬지는데, 그런 축제와 놀이는 《존재와 시간》에서 흔적조차 찾을 수 없다.

《존재와 시간》을 출판하고 몇 년 뒤에 하이데거는 행위에서 존재로 이행한다. 행위의 열정은 **존재 앞에서의 경탄**에 밀려난다. "[…] 무슨 말이냐면, 노동을 멈추기로서의 경축하기는 이미 제자리에 머물기, 주의하기, 묻기, 성찰, 예상, 경이를 더 환히 깨어 감지하기로 넘어감이다.

무슨 경이이냐면, 아무튼 세계가 우리를 둘러싸고 세계
한다는welten 것, 아무것도 없지 않고 존재자가 있다는
것, 사물들이 있고 우리 자신이 사물들의 한가운데 있다
는 것의 경이 말이다."[96] 《존재와 시간》을 지배하는 자
기 및 행위를 향한 결단 강조는 가뭇없다. 불안과 심심
함은 이제 더는 행위 촉구와 연결되지 않는다. 불안과
심심함은 **존재**를 드러나게 한다. 그래서 그것들은 사랑
을 닮았다. "깊은 심심함은 […] 모든 사물들, 사람들, 또
한 이들과 함께 당사자 자신을 그러모아 기이한 구애받
지 않음Gleichgültigkeit에 이르게 한다. 이 심심함이 존재
자 전체를 드러나게 한다. 그런 드러남의 또 다른 가능성
은―단지 역할담당자가 아니라―사랑하는 사람의 현존
재가 여기 있음이 주는 기쁨 안에 들어 있다."[97]

"전환" 이후에 하이데거는 축제와 놀이를 비롯한 무위
의 형태들이 비로소 인간 실존에 찬란함을 부여한다는
통찰에 도달한다. 그는 축제를 발견한다. "염려"나 "불안"
은 이제 언급되지 않는다. 일상의 잿빛은 축제의 찬란함
에 밀려난다. "찬란함은 축제의 속성이다. 하지만 찬란함
은 본래 본질적인 놈das Wesenhafte의 빛남과 드러남에서
유래한다. 본질적인 놈이 찬란하게 빛나는 한에서, 사물
들과 사람들에 속한 모든 것이 본질적인 놈의 찬란함 속

으로 녹아들고, 이 찬란함은 다시금 사람에게 장식과 치장하기를 요구한다. […] 놀이와 춤은 축제의 찬란함의 속성이다."[98] 놀이와 춤은 위하여로부터 완전히 해방되어 있다. 장식도 무언가를 치장하지 않는다. 장식은 "도구"가 아니다. 위하여로부터 해방된 사물들은 그 자체로 축제가 된다. 그것들은 '기능하지' 않고 **찬란하게 빛난다.** 그것들로부터 관조하는 쉼이 나오고, 그 쉼이 하염없이 머무르기를 가능하게 한다.

인간 실존의 찬란한 형태로서의 축제에서 행위하기로 결단한 현존재의 **실존적 경직성**은 완전히 해소된다. 축제는 인간 실존을 목표와 행위의 비좁음으로부터, 목적과 효용의 옥죔으로부터 해방한다. **축제 기분**이 충만하면, **경련하는** "염려"의 **시간**은, 자기에서 나오는 실존적 긴장은 거둬진다. 자기 강조는 놔두기와 풀어놓기에 밀려난다. 관조하며 하염없이 머무르기가 행위의 열정을 대체한다.

무위의 윤리로 요약되는 생각의 흔적들을 하이데거의 사상에서 발견할 수 있다. 무위의 윤리는 인간 사이의 관계에도 적용되고 인간이 자연과 맺는 관계에도 적용된다. 죽음을 코앞에 두고 하이데거는 〈마르셀 마티외를 기리며Andenken an Marcelle Mathieu〉라는 제목의 짧은 글을 썼다. 그 글은 고인이 된 마르셀 마티외의 친절함을 다루는데, 그녀는 프로방스에서 하이데거에게 숙소를 제공한 인물이다. 하이데거는 우선 그녀가 사는 고향의 광활한 풍경을 언급한다. 마치 그녀의 친절함이 그녀와 그 풍경 사이의 긴밀한 관계에서 곧장 나오기라도 한 것처럼 말이다. 그는 그녀가 풍경 앞에서 느끼는 **수줍음**Scheu을 강조한다. "눈에 띄지 않던 그녀의 수줍음은, 그 레캉푸Les Camphoux의 안주인이 광활한 풍경을 온갖 모습으로 둘러볼 수 있는 르방케Rebanqué 꼭대기로 친구들을 초대했을 때 비로소 드러났다."[99] 그 광활한 풍경은 그 안주인을 "기이한 수줍음"으로 가득 채우고, 그 수줍음은 그녀를 이끌어 **물러나고, 무장을 해제하고, 내부를 비우게** 한다. 풍경 앞에서 그녀가 느끼는 수줍음은 인간관계로까지 연장되어 친절함으로 표출된다.

우뚝한 상대로서의 광활한 풍경은 바라보는 자를 처분 불가능한 것에 대한 수줍음에 빠뜨린다. 그리하여 하이데거는 "어찌할 수 없는 것 앞에서 머뭇거리며 느끼는 수줍음"을 언급한다.[100] 수줍음에 휩싸인 사람은 **자기의 타자**에게 **자기**를 넘겨준다. 수줍음 안에서 타인에 대한 특별한 주의가, **우호적 수용성**이 깨어난다. 수줍음은 우리에게 **귀 기울이기**를 가르친다. 수줍음은 그 안주인을 주의 깊은 경청자로 만든다. "대화하는 친구들 곁에서 그녀는 가만히 주의를 기울이는 경청자로 머물렀다. 오로지 친구들이 잘되기만 바랐다. 거기에서 그녀는 여주인도 아니고 하녀도 아니었다. 오히려 그녀는 그 양자를 뛰어넘어 삼가는 태도를 취했으며 말해지지 않은 것에 순응했다. 짐작하건대 그녀는 수많은 장거리 산책에서 아무도 없이 홀로 고향 땅을 누비며 말해지지 않은 것과 고요히 대화했다."[101] 이 인용문에서 하이데거는 귀 기울이기 능력을 "말해지지 않은 것"의 권능에, 광활한 풍경이 알려주는 그 권능에 귀속시킨다. 하이데거에게 숙소를 제공한 여주인은 "말해지지 않은 것"이 **자신**을 규정하게(기분을 정하게be-stimmen) 함으로써 자신을 제쳐놓고 경청한다. "말해지지 않은 것"은 인간의 의지에 아랑곳하지 않는 **땅의 언어**다. 땅의 구원은 우리가 **땅을 경청할** 수 있을 것이냐에 달려 있다.

〈들길 대화Feldweg-Gespräche〉에서 하이데거는 손님에 관하여 이렇게 언급한다. "그는 경청할 수 있으며, 더구나 아주 공손하게 그럴 수 있어서, 이 주요한 몸짓과 태도로 인해 그는 내가 보기에 단적으로 손님이다."[102] 광활한 풍경 앞에서 하이데거의 안주인은 자신을 손님으로 경험한다. 그녀는 **하늘과 땅 사이를 방문 중인 손님**이다. 그녀는 "여주인도 아니고 하녀도 아니다". 손님으로서 그녀는 "말해지지 않은 것"을 경청함으로써 그것에 자신을 맞춘다. **그녀의 수줍음은 경청을 심화한다.**

하이데거에게 숙소를 제공한 여주인의 일화가 보여주는 것은 하이데거의 **수줍음의 윤리**다. "그리고 수줍음은? 그녀는 여기 프라이부르크에서 우리에게 소중한 수줍음의 흔적을 남겨주었다. 마치 그녀가 의도적으로 우리를 찾아와 우리 집 앞에 서서 감히 초인종을 울리지 못하고—다시 가버리기라도 한 것 같았다. 이처럼 때로는 실행되지 않은 것이 말해지고 실현된 것보다 더 큰 권능을 발휘한다."[103] 하이데거는 이렇게 말할 수도 있을 터이다. 무위는 어떤 실행 결과와 성과보다 더 큰 권능을 발휘한다. **수줍음의 윤리는 무위의 윤리다.**

절대적인 존재 결핍

현재의 위기는 삶에 의미와 방향을 줄 만한 모든 것이 무너지는 데 있다. 이제 삶은 지속 가능한 받침대에 의해 **지탱되지** 않는다. 《두이노의 비가》에 나오는 릴케의 문구 "어디에도 머무름은 없으니"는 현재의 위기를 가장 잘 표현한다. 오늘날처럼 삶이 쏜살같고 덧없고 죽음을 향해 있던 때는 전혀 없었다.

"불멸"은 "인간을 둘러싼 세계에서도, 그 세계를 둘러싼 자연에서도 사라졌다"라고 한나 아렌트는 단언한다. 대신에 불멸은 "밤을 보낼 불안정한 피난처를 인간 마음 Herz의 어둠 안에서" 발견했다. 그 어둠은 여전히 "'영원히'를 기억하고 말할" 능력을 지녔다. 가장 덧없던 놈, 곧 죽음을 면할 수 없는 인간이 "불멸의 최후 도피처가 되었다". 아렌트는 릴케의 시를 읊는다.

별들의 화려한 장식 아래,
산은 고요하네.
하지만 산속에서도 시간이 깜박이지.
아, 나의 날뛰는 심장 안에서 밤을 보내는
갈 곳 없는 불멸.[104]

아렌트가 인용한 시는 실제로 끊임없이 사라지는 **존재**에 대한 한탄이다. 첫째 연은 이러하다.

시간을 보낸다, 라는 기이한 말!
진짜 문제는 시간을 **멈추는** 것일 테지.
이 질문 앞에서 누군들 두렵지 않겠는가.
온 천지 어디에 머무름이, 어디에 궁극의 **존재**가 있을까?

오늘날 인간의 마음은 불멸에게 도피처를 제공하지 못한다. 마음이 기억과 회상을 담당하는 기관이라면, 디지털시대를 사는 우리는 마음이 전혀 없다. 우리는 어마어마한 데이터와 정보를 저장하지만, 기억을 되짚지 않는다. 우리는 모든 형태의 "영원히"에 등을 돌린다. 슬픔, 책임, 약속, 신뢰, 헌신 같은 시간 집약적 실천들을 단호히 거부한다. 임시성, 단기성, 불안정성이 삶을 지배한다.

시간 자체도 점점 더 파열하여 점 같은 현재의 연쇄가 된다. 시간이 가산성加算性을 띠게 된다. 어떤 이야기도 시간을 멈추게 할 만한 **구조**를 시간에 부여하지 못한다. 시간-건축물들이 침식된다. 리추얼과 축제는 흘러가 버리는 시간에 말하자면 뼈대와 연결부를 설치하여 시간을 안정화하는 시간-건축물들이다. 그런 리추얼과 축제가 점점 더 허물어진다. 왜냐하면 그것들은 정보와 자본의 더 빨라진 순환을 방해하기 때문이다.

세계의 디지털화와 정보화는 시간을 파편화하고 삶을 극단적으로 덧없게 만든다. **존재**는 시간적 차원을 지녔다. 존재는 느림과 오램 안에서 성장한다. 오늘날의 단기성은 존재를 허문다. 당신이 존재 곁에 오래 머무를 때 비로소 **존재**는 농축된다. 그런데 정보 곁에 오래 머무르기는 불가능하다. 정보는 **존재의 절대적 소멸 단계**에 해당한다. 일찍이 니클라스 루만은 정보에 관하여 이렇게 지적했다. "정보의 우주론은 존재의 우주론이 아니라 우연Kontingenz의 우주론이다."[105] 존재가 파열하여 정보가 된다. 우리는 정보를 일시적으로만 알아둔다. 시간이 지나면 정보의 존재 지위는 자동응답기에 녹음된, 이미 들은 메시지처럼 0에 수렴한다. 정보는 현재성을 띠는 기간이 아주 짧다. 정보는 놀라운 일이 주는 흥분을 먹고살며 우리를 현재성의 현기증에 빠뜨린다.

인간은 **아니말 나란스**animal narrans, 곧 **이야기하는 동물**이다. 그런데 우리의 삶은 우리에게 의미와 방향을 제공할 만한 결합력 있는, 구속력 있는 이야기를 통해 규정되지 않는다. 우리는 정보를 아주 잘 갖췄지만 이야기의 결여 때문에 방향을 상실했다. 니체의 말마따나 인간의 행복이 "의논의 여지가 없는 진실"[106]이 있다는 것에 달려 있다면, 우리는 정말로 행복이 없다. 진실은 이야기다. 반면에 정보는 가산加算적이다. 정보는 이야기로 농축되지 않는다. 정보는 **디지털 우연 폭풍**을 강화하고 존재 결핍을 심화한다. 아무것도 구속력과 지속을 약속하지 못한다. 증가하는 우연은 삶을 불안정하게 만든다.

오늘날의 세계는 안정적인 시간 축을 확립하는 상징적인 것이 몹시 결핍되어 있다. **다시 알아보기**로서의 상징적 지각은 **지속하는 것**을 알아본다. **반복**은 존재를 심화한다. 상징적 지각은 우연으로부터 해방되어 있다. 이런 점에서 상징적 지각은 정보들을 하나씩 차례로 알아채는 연쇄 지각과 다르다. 데이터와 정보는 상징력Symbolkraft이 없다.

상징적인 것은 지각에 즉각 작용한다. 상징적인 것은 선반성적 감정적 미적 수준에서 우리의 행동과 생각에 영향을 미친다. 상징은 **우리**를, 사회의 결속을 가능케 하는 **공통의 것들**을 만들어낸다. 상징적인 것, 미적인 것을 통하여 비로소 **함께 느끼기**(곧 Sym-Pathos 혹은 Ko-Passion)가 형성된다. 반면에 상징적인 것이 없으면 공동체는 파열하여 무관심한 개인들이 된다. 왜냐하면 결합하고 구속하는 것이 없기 때문이다. 상징적인 것에 힘입어 **함께 느끼기**의 상실은 존재 결핍을 심화한다. 공동체는 상징을 통해 매개된 전체다. 따라서 상징과 이야기가 없으면 공동체는 침식되고 파열한다.

상징이란 과연 무엇인지를 우리는 플라톤의 대화편 《향연》에서 알게 된다. 그 작품에서 아리스토파네스가 하는 이야기에 따르면, 인간은 원래 공처럼 둥근 놈이었다. 그런데 인간들이 너무 강해지고 오만해지자, 신들이 인간을 두 조각으로 쪼개버렸다. 그때 이후 그 쪼개진 절반 각각은 나머지 절반과의 통일을 추구한다. 이 쪼개진 절반을 고대 그리스어로 **쉼볼론**symbolon이라고 한다. 인간은 **쪼개진 절반**으로서 치유를, 치유하는 전체를 갈망한다. 이 갈망이 바로 사랑이다. 재건해야 할 전체가 상처를 치유하고, 근원적 분할에서 유래한 존재 결핍을 해소한다.

"상징은, 상징적인 것의 경험은, 이 개별적인 것, 특수한 것이, 자신과 들어맞는 놈을 보충하여 치유와 전체에 이르겠다고 약속하는 존재의 조각이라고, 혹은 전체에 이르기 위해 보충할, 늘 찾으려 애써온 우리 삶의 또 다른 조각이라고 느낀다."[107] 상징적인 것은 존재의 충만을, 치유를 약속한다. 상징적 질서가 없으면, 우리는 조각이자 파편으로 머무른다.

오늘날 우리는 우리가 가진 최고의 힘들을 삶을 연장하는 데 쓴다. 그러는 동안에 실은 삶이 생존으로 축소된다. **우리는 생존하기 위해 산다.** 건강 히스테리와 최적화 열광은 만연한 존재 결핍에 대한 반사 반응들이다. 우리는 존재 결핍을 벌거벗은 삶의 연장을 통해 벌충하려 한다. 그러면서 **집약적인**(강렬한) 삶에 대한 감각을 완전히 상실한다. 집약적인 삶을 더 많은 생산, 성과, 소비와 혼동한다. 그러나 이것들은 **생존꼴들**일 따름이다.

존재 결핍은 사람들을 점점 더 고립시키는 경제적 과정이 자아낸 결과이기도 하다. 고립과 외로움은 존재 결핍으로 이어진다. 왜냐하면 **존재**는 **함께-존재**Mitsein이기 때문이다. 신자유주의적 성과사회에서는 **우리**가 형성되지 않는다. 신자유주의 체제는 사람들을 고립시키고 잔인한 경쟁으로 내몰아 생산성을 향상한다. 그 체제는 삶을 생존투쟁으로, 고삐 풀린 경쟁의 지옥으로 둔갑시킨다. 성공, 성과, 경쟁은 생존꼴들이다.

디지털화도 함께-존재로서의 존재를 갉아먹는다. 네트워크에 속해 있음은 결합되어 있음과 같지 않다. 다름 아니라 무제한의 연결성이 결합을 약화한다. 집약적 관계는 처분 가능성에서 벗어난 **타인**을 전제한다. 그러나 디지털 네트워크의 도움으로 우리는 타인을, **너**를 처분 가능한 **그것**으로 만들고, 그 결과는 **원초적 외로움**이다. 우리의 욕구를 채우는 소비 가능한 대상은 집약적 결합을 허용하지 않는다. 그리하여 네트워크와 연결성의 증가에도 불구하고 우리는 과거 어느 때보다 더 외롭다.

집약적 결합은 우리가 대상을 리비도 에너지로 채울 때 발생한다. 그러나 심리적 에너지의 역류는 그 에너지가 타인에게로 흘러나가지 못하고 나로 흘러 돌아오게 만든다. 이 심리적 역류, 깃들지 못한 리비도 에너지의 정체는 우리를 불안하게 만든다. 불안은 대상 결합이 부재할 때 발생한다. 그러면 나는 나 자신에게로 되던져져 세계 없이 나 자신을 맴돈다. 에로스의 부재는 존재 결핍을 심화한다. 오직 에로스만이 불안과 우울을 이길 수 있다.

존재 결핍은 생산 과잉을 유발한다. 오늘날의 과도過度 활동과 과도 소통은 만연한 존재 결핍에 대한 반응으로 이해될 수 있다. 존재 결핍에 물질적 성장이 맞세워진다. 그렇게 우리는 **생산함으로써** 결핍감에 **맞선다**. 필시 생산은 **존재가 0에 이를 때** 최고조에 도달할 것이다. 자본은 생존꼴이다. 자본주의는 더 많은 자본이 더 많은 삶을, 더 많은 살아갈 능력을 낳는다는 환상을 먹고산다. 그러나 이런 삶은 **벌거벗은 삶**, 곧 생존이다.

결핍감은 행위를 재촉한다. 결연히 행위하는 사람은 바라보지schauen 않는다. 거꾸로 파우스트처럼 **"오래 머물러줘, 넌 참 아름다워!"** (흔히 "시간이여 멈춰라. 너는 너무나 아름답구나!"로 번역되는 《파우스트》 속 명대사—옮긴이)라고 외치는 사람은 행위하지 않는다. **아름다움**으로서의 존재 충만은 바라보기에서 도달된다. 바라보기가 최고의 행복을 가져다준다는 깨달음을 우리는 완전히 상실했다. 고대뿐 아니라 중세에도 사람들은 관조적인 바라보기에서 행복을 찾으려 했다. 고대 그리스 시인 메난드로스는 이렇게 쓴다.

파르메논, 내가 말하노니,
모든 이들 가운데 가장 행복한 이는
이 세계의 장엄한 것을 [⋯],
담담히 **살펴본** 이라네.
만물을 위해 빛나는 태양,

별들, 바다, 떠가는 구름, 불의 찬란함.

자네가 백 년을 살면, 자네는 그걸 늘 보겠고,

고작 몇 년을 체험하더라도,

그보다 더 높은 것은 절대로 볼 수 없을 것이네.[108]

뭐 하러 세상에 태어났느냐는 질문에 고대 그리스 철학자 아낙사고라스는 "**바라보러**eis theorein"라고 대답한다.[109] 태어날 때 우리는 대상 없는 어둠에서 빠져나와 환한 세계에 이른다. 신생아는 행위하기 위해서가 아니라 바라보기 위해서 눈을 뜬다. 행위하기가 아니라 바라보기가, 새로운 것을 향한 열정이 아니라 **존재하는** 것 앞에서의 경탄이 **탄생**을 정당화한다. 태어남은 세상의 빛을 봄이다. 호메로스에게 삶은 "태양 빛을 봄"과 동일하다.[110]

행위하는 삶은 틀림없이 나름의 타당성과 정당성이 있지만, 토마스 아퀴나스에 따르면, 그 삶의 최종 목적은 **관조하는 삶**의 행복에 종사하는 것이다. "행위하는 삶은 관조하는 삶을 향한다vita activa est dispositio ad contemplativam."[111] **관조하는 삶**은 "인간의 삶 전체의 목표finis totius humanae vitae"다.[112] 관조적인 바라보기는 우리가 우리 노력의 대가로 얻는 보수의 전부다. "우리 보수의 전부는 보기다tota merces nostra visio est."[113] 심지어 행위의 결과로서의 작품도 바라보기의 대상이 될 때 비로소 완성된다.

《니코마코스 윤리학》에 대한 주석에서 토마스는 정치를 매우 독특하게 정의한다. 그는 아렌트가 이해하는 정치와 정면으로 맞서는 **무위의 정치**를 제시한다. 정치가 비정치적인 것을 향해 열려 있지 않으면, 정치는 헛돈다. 정치의 최종목적은 무위요 바라보기다. "정치적인 삶 전체는 바라보기의 행복을 향해 있는 듯하다. 바꿔 말해, 정치적인 삶의 목표 설정에 힘입어 시작되고 유지되면서 사람들을 진실을 관조하기에 빠져든 상태로 만드는 평화를 향해 있는 듯하다."[114]

결핍 없는 완전한 존재 앞에서는 오직 **바라보기**와 **찬양하기**만 가능하다. 그리하여 아우구스티누스의 《신국》은 안식일에 신적인 존재 충만이 현존할 때 찬양의 언어에 도달한다. 안식일은 "끝이 없는" 신의 나라를 약속한다. 그런데 영원한 하늘나라에서 사람들은 무엇을 할까? 아우구스티누스는 "그때 우리는 한가할 것이다vacabimus" "영원히in aeterno"라며 환호한다. "그리고 바라보고, 바라볼 것이며videbimus, videbimus" "사랑하고, 사랑할 것이며 amabimus, amabimus" "찬양할 것이다laudabimus." 아우구스티누스는 이렇게 말을 잇는다. "이것이 장차 끝이 없는 저

끝에 벌어질 일이다."[115] 아우구스티누스의 글에서 바라보기와 사랑하기는 하나로 합쳐진다. 사랑이 있는 곳에서 비로소 눈이 떠진다ubi amor, ibi oculus.[116] 바라보기와 찬양하기는 무위의 형태들이다. 바라보기와 찬양하기는 목적을 추구하지 않으며 아무것도 생산하지 않는다. 오로지 존재 결핍만이 생산 기계를 작동한다.

찬양은 언어의 최종목적이다. 찬양은 언어에 축제의 찬란함을 선사한다. 찬양할 때 모든 존재 결핍이 거둬진다. 찬양은 존재 충만을 노래하고 불러낸다. 릴케는 한 시에서 찬양하기를 시인의 사명으로 격상한다. "오, 시인이여, 말하라, 네가 무엇을 하는지.—나는 찬양한다."[117] 시인의 찬양에서 언어는 축제적-관조적 섬에 이른다. 찬양은 **언어의 안식일**이다. 찬양은 죽음을 면할 수 없는 인간의 마음을 찬란함으로 가득 채우는 "마침내 **존재**"를 공표한다.

그래, 찬양이야! 찬양하도록 정해진 이,

그가 돌의 침묵으로부터 금속 광물처럼 나왔네.

그이의 마음, 인간들에게는 무한한

포도주를 짜내는 덧없는 압착기.

신적인 모범이 그를 덮칠 때,

먼지 속에서 목소리는 절대로 그를 저버리지 않네.

모든 것이 포도밭이 되고, 포도송이가 되네,

그의 민감한 남쪽에서 익은 포도송이.[118]

릴케는 찬양과 광고를 갈라놓는다. "광고는 이제 그만,
광고는 그만, 너무 커진 목소리는 그만."[119] 광고에는 결
핍이 내재한다. 광고는 벌거벗은 삶에, **염려**가 본질적 특
징인 "근심하는 동물"[120]에게 고유하게 속한다. 반면에 찬
양은 어떤 추구보다도, 어떤 염려보다도 **더 크게 성장해 있
다.** 여기에 찬양의 축제성이 있다. 존재 결핍이 만연한 곳
에는 찬양이 없다. 거기에는 **시끄러운 광고**만 있다. 오늘날
의 소통은 통째로 생존꼴로서의 순수한 광고다. 그 소통
은 **존재의 영점**에서 점화한다.

축제의 시간은 바라보기가 더 강화되는 시간이다. "축
제 느낌"[121]은 강화된 존재 느낌이다. 축제는 의미와 방향
을 세움으로써 세계를 환히 밝힌다. "축제는 일상적 현존
재의 의미를, 인간을 둘러싼 사물들의 본질을, 그리고 인
간의 본질 안에서 작동하는 힘들의 본질을 열어 보여준
다. 인간 세계의 실재로서의 축제는 […] 인류가 율동적
으로 다시 오는 기간을 **관조하는** 상태가 될 수 있고 그 상
태에서 인류의 현존재 전체를 떠받치는 더 높은 실재들
과 단박에 만날 수 있음을 의미한다."[122] 우리가 성대하게

치장된 공간들을 드나들 듯 **드나드는** 축제의 시간은 **가버**
리지 않는다. 축제의 시간은 **높은-시간** Hoch-Zeit(Hochzeit
는 결혼식을 뜻함―옮긴이)이다. 축제는 시간 없음을 창출하
고, 시간 없음 안에서 모든 존재 결핍은 해소된다.

　노동은 사람들을 개별화하고 고립시킨다. 노동과 성과
의 절대화는 함께-존재로서의 존재를 침식한다. 반면에
축제는 공동체를 세운다. 축제는 사람들을 모으고 결합
한다. 축제 느낌은 항상 **공동체 느낌, 우리 느낌**이다. 한스
게오르크 가다머는 축제를 공동체의 기반으로 본다. "축
제는 공통성이며 완성된 형태의 공통성 자체의 표현이
다." [123]

　인간이 세계를 대하는 주된 방식이 바라보기였을 때,
인간은 결핍 없는 신적인 존재와 아직 관련되어 있었다.
고대 그리스어 **테오리아** theoría(바라보기)는 원래 신들을 기
리는 축제에 참석하기 위해 먼 곳으로 여행하는 사절단
을 가리켰다. 신적인 것을 바라보기가 바로 테오리아다.
테오로스 Theorós는 축제 사절을 뜻한다. **테오로이** Theoroi는
감동하며 신을 바라보는 자들이다. 축제를 통해 강화된
바라보기는 구경꾼을 테오로스로 만든다. "아이스킬로스
가 구경꾼을 뜻하는 표현으로 **테아테스** theatés 대신에 테
오로스를 사용했을 때 염두에 둔 것은 더 큰, 또한 엄청

나면서도 축제다운 바라보기였다."[124] 철학자들은 신적인 것에 대한 앎을 돌본다는 점에서 또한 테오로이다. 고대 알렉산드리아의 지식인 하르포크라티온Harpokration은 테오로이를 이렇게 서술한다. "구경꾼들만 테오로이라고 불리는 것이 아니라 신들에게 보내진 자들도 그렇게 불린다. 또한 사람들은 신적인 비밀을 보존하거나 신적인 것들을 돌보는 자들을 통틀어 그렇게 불렀다."[125] 아리스토텔레스가 **비오스 테오레티코스**bíos theoretikós 곧 관조하는 삶을 신적인 활동으로 격상하고 완성된 행복을 그 활동 안에 정착시킬 때, 그가 말하고자 하는 것은 의심할 여지 없이 예배하며 신을 바라보기를 뜻하는 테오리아다. "그리고 드디어 아리스토텔레스가 있다. 그는 철학자의 테오리아를 임의의 바라보기와 관련짓는 것이 전혀 아니라, 실제로 **테오리아이**theoríai가 파견되었던 올림피아Olympia(고대 올림픽이 열린 장소─옮긴이)를 바라보기와, 또한 디오니소스 축제를 바라보기와 관련짓는다. 모든 예배와 상관없이 그는 테오리아에서 신적인 것을 발견한다."[126]

인간은 **관조하는 삶**에 이를 능력이 있다. 왜냐하면 인간은 "신적인 무언가를 자기 안에 지녔기" 때문이다. 신들은 **행위하지 않는다는 점**을 아리스토텔레스는 명시적으로 강조한다. "신들은 가장 행복하고 축복받은 존재들이라고 나는 믿는다. 그런데 신들에게 어떤 행위들을 부가해야 할까? 이를테면 정의로운 행위들을? 하지만 신들이 계약을 맺고 예금을 지급하는 등의 행위를 한다고 보는 것은 우스꽝스럽지 않을까? 그렇다면 용기 있는 행위들을 부가해야 할까? 무시무시한 것을 견뎌내고 위험을 이겨내는 것이 아름다운 행위이기 때문에 신들이 그렇게 한다고? 아니면 후한 행위들을? 하지만 신들이 누구에게 후하게 준단 말인가? 신들이 돈이나 그 비슷한 것을 아낌없이 준다면, 그것은 터무니없을 터이다. 더 나아가 신들에게 절제란 무엇일까? 신들은 나쁜 욕망을 품지 않는다고 말하는 것은 어설픈 찬양일 터이다. 이처럼 우리가 어떤 행위를 상정하건 간에, 덕의 실행에 속하는 모든 것은 왜소하고 신들에게 어울리지 않게 느껴질 수밖에 없다. 그럼에도 사람들은 신들이 산다고, 즉 행위한다고 늘 믿어왔다. 신들이 엔디미온Endymion(고대 그리스 신화에서 달의 여신 셀레네에 의해 영원한 잠에 빠지는 미소년―옮긴이)처럼 잔다고 생각하는 사람은 아무도 없다. 그러나 살아 있는 자에게서 저 행위뿐 아니라 잠까지 배제한다면, 관조하기 말고 무엇이 남겠는가?"[127] "축복을 기준으로 삼으면 모든 것을 능가하는" 신의 행위는 **관조하는** theoretiké 행위다. 그리고 관조하는 행위는 행위하는 삶(정치적인 삶 bíos politikós)과 반대로 행위하지 않는다는 점에서, 바꿔 말해 관조하는 행위의 목적은 그 행위 바깥에 있지 않다는 점에서, 무위요 관조하는 쉼이요 **한가함**scholé이다. 한가함으로서의 무위 안에서 삶은 삶 자신과 관계 맺는다. 그럴 때 삶은 삶 자신으로부터 소외되지 않는다. 그리하여 아리스토텔레스는 **관조하는 삶**을 자립Autarkie과 연결한다. "사람들이 자립이라고 부르는 것도 대다수의 경우에 관조할 때 발생한다."[128] **관조하는 삶**이 비로소 신적인 자족을, 완전한 행복을 약속한다.

역사는 행위하기가 완전히 밀려나고 바라보기가 그 자리를 차지하는 순간에, 곧 **무위의 안식일**에 완성된다. 미술작품 앞에서 깊은 생각에 빠진 사람의 모습에서 강한 인상을 받은 철학자 조지 산타야나는 다음과 같은 명백히 철학적인 견해를 품는다. "인간의 모든 노력이, 그리고 온 역사가 향하는 목표가 아무튼 있다면, 그 목표는 오로지 바라보기에서 완성에 이르는 것이다."[129]

행위하기의 열정

유대교에서 **신성한**qadosch 개념은 두 가지, 신과 안식일이다. 신은 안식일이다. 독실한 유대교인이 보기에 삶 전체는 "안식일을 추구하기"다.[130] 안식일은 구원이다. 안식일에 인간은 불멸에 이른다. 가버리는 시간은 거둬진다. 안식일은 사람들을 구원하여 덧없는 세계를 벗어나 저 **다가오는 세계**Olam Haba에 이르게 하는 "시간 안의 왕궁"이다.[131] **메누하**menucha(쉼을 뜻하는 히브리어 — 옮긴이)는 다가오는 세계를 의미하기도 한다. 안식일의 깊은 의미는, 역사가 행복한 무위에 이르러 거둬진다는 것이다.

인간 창조는 마지막 창조 행위가 아니다. 안식일의 쉼이 비로소 창조를 완성한다. 그래서 라시Raschi(11세기 프랑스 랍비 — 옮긴이)는 〈창세기〉 주석에서 이렇게 쓴다. "이제 세계에 아직 부족한 것은 무엇이었을까? 쉼이었다. 안식일과 더불어 쉼이 왔고, 쉼으로 창조 행위가 종결되고 완성되었다."[132] 안식일의 쉼은 단순히 창조 노동의 뒤를 따르는 것이 아니다. 오히려 그 쉼이 비로소 창조를 종결한다. 엿새 동안 창조된 세계는 말하자면 신방新房이다. 그 세계에는 신부新婦가 없다. 안식일과 더불어 비로소 신부가 온다.[133] 안식일 축제는 높은-시간(결혼식), 멈춰 있는 시간이다. 안식일은 창조 행위 다음에 신이 말하자면 고된 창조 노동에서 벗어나 기운을 회복하는 휴일이 아니다. 오히려 쉼은 창조의 본질적 핵심이다. 안식일이 비로소 창조에 신적인 장엄함을 부여한다. 쉼이 신적이고, 무위가 신적이다. 쉼이 없으면 인간은 신적인 것을 잃는다.

아렌트는 에세이 〈혁명과 자유〉에서 자신이 존경하는 존 애덤스(미국 정치인—옮긴이)의 말을 인용하는데, 그 말은 아렌트의 정신적 태도를 오해의 여지 없이 표현한다. "쉴 때가 아니라 행위할 때 우리는 흡족함을 느낀다."[134] 한나 아렌트는 유대인 사상가임에도 불구하고, 그녀의 사상은 안식일의 차원을 완전히 결여하고 있다. 자유와 행위의 메시아주의가 그녀의 사상을 고무한다. 아렌트에 따르면, 창조는 안식일에 완성되는 것이 아니라 인간의 자유를 창조하는 것에서 완성된다. 신적인 것은 안식일의 쉼이 아니라 새로운 시작의 원리로서의 자유다. "인간 창조에서 시작의 원리가 등장했다. 그 원리는 세계 창조에서는 말하자면 신의 손안에, 따라서 세계 바깥에 머물렀다. 인간이 있는 한에서 그 시작의 원리는 세계 안에 있을 것이며 세계에 내재하는 상태로 머무를 것이다. 이것이 궁극적으로 무슨 말이냐면, 누군가Jemand로서의 인간을 창조하는 것은 자유를 창조하는 것과 일치한다." [135] 아렌트에 따르면, 인간을 창조하기 이전에는 "무가 있었던 것이 아니라 아무도 아닌 자Niemand가 있었다." 인간은 행위하는 한에서, 바꿔 말해 새로운 무언가를 세계 안에 정립하는 한에서 "누군가"다.

아렌트는 고대 그리스 세계에서도 관조적 차원을 제거한다. 주지하다시피 고대 그리스의 폴리스는 세 개의 공간으로 이루어진다. 그 공간들은 **오이코스**oikos, **아고라**agora, **테메노스**temenos다. 그런데 아렌트는 종교적 관조의 영역으로서의 테메노스를 깡그리 무시한다. 반면에 정치적 영역인 아고라를 총체화하여 **폴리스 전체**와 동일시한다. 그러면서 그녀는 정치적인 것을 집, 집안 살림, 가족의 영역인 **오이코스**와 맞세우고, 벌거벗은 삶의 곤궁함과 필수조건들을 오이코스에 배치한다. 인간은 오로지 집을 버리고 떠나 정치적 공간에 들어설 때만 자유롭다. 아렌트는 고대 그리스의 폴리스를 정치적인 것의 유토피아로, 고귀한 자유의 영역으로 이상화한다. 폴리스는 명성과 인정을, 나아가 불멸을 추구하는 "누군가"의 "무대"다. 그 누군가는 "최고"이고자 하고 "특별한 것"을 성취하고자 하는 열정으로 가득 차 있다. "사람들이 '불멸의 명성'을 얻을 기회를 자주 마련하는 것, 바꿔 말해 누구나 두각을 나타내면서 자신이 어떤 유일무이한 차별성을 지닌 자인가를 말과 실행으로 보여줄 기회들을 조직하는 것이 폴리스의 과제였다."[136] 아렌트가 폴리스에 관하여 품는 견해의 바탕에 깔려 있는 것은 구원의 욕구다. 폴리스는 "죽음을 면할 수 없는 자들의 모든 활동 가운데 가장 덧없는 활동" 곧 행위가 "불멸"에 이르도록 배려해야 한다. 폴리스는 "등장만 있고 퇴장은 없는" "영속하는 무대"다. 오로지 정치적 행위만이 인간에게 불멸을 선사한다. 불멸의 명성을 향한 노력이야말로 역사의 동력이다. 아렌트에 따르면, 대중 앞에 나서서 자신의 유일무이함을 내보이는 "누군가"만이 자신의 실재성을 주장할 수 있다. 행위하지 않는 자는 단지 동물적인 "살아 있다는 느낌Lebensgefühl"만 보유한다. 정치적인 무대 바깥에서의 삶은 동물적인 삶이다. 그 삶에는 "실재한다는 느낌 Wirklichkeitsgefühl"이 없다. "인간적으로 또 정치적으로 말하면, 실재함과 나타남은 동일하다."[137] 살기와 행위하기는 완전히 일치한다. 아렌트가 이해하는 삶에는 "무대"와 "나타남"을 필요로 하지 않는 관조하는 삶이 들어설 자리가 없다. 오로지 행위하기에서, 곧 작용하기와 일으키기에서 나오는 "**실재한다는 느낌**"이 존재(한다는) 느낌을 완전히 밀어낸다. **축제 느낌** 안에서 더 높은 실재를 경험할 수 있는데, 아렌트는 그런 축제 느낌을 전혀 모른다.

아렌트는 고대 그리스의 폴리스에서 테메노스를 몰아낸다. **테메노스**는 공적인 공간에서 떼어내 신적인 것들을 위해 마련해둔 신성한 공간, **페리볼로스**peribolos(직역하면, 평화를 두름Umfriedung 혹은 성벽을 두름Umzingelung), 즉 울타리를 두른 공간, 성벽으로 둘러싸인 신전 구역이다. 테메노스는 **템플룸**templum(신전을 뜻하는 라틴어—옮긴이), 신에게 바쳐진 성스러운 장소, 신전, 관조적인 바라보기의 장소다. "관조Kontemplation"라는 단어는 템플룸으로 거슬러 올라간다. 철학적으로 말하면, 테메노스는 불멸의 이데아들의 나라다. "이 떼어낸 공간 안에 이데아들이 있다. 이데아들은 무공간적이고 무시간적이다. 관조하는 눈길로 바라보면 이데아들을 지각할 수 있다."[138]

테메노스는 폴리스 위에 떠 있다(혹은 군림한다). 그래서 테메노스는 흔히 언덕 위에 있다. 이 **아크로-폴리스**Akro-

Polis(직역하면, 높은-도시Hoch-stadt 혹은 상위 도시Oberstadt) 없이 고대 그리스의 폴리스를 생각할 수는 없다. 아크로폴리스는 신적인 것에 바쳐진 공간이다. "이 공간 안에서는 바깥에서와 다른 규칙들이 통한다. 여기에서 벌어지는 일은 신 앞에서 벌어지는 일이라는 점을 강조하면서 실행되고, 여기에서 발생하는 일은 신의 소유이며 신의 소유로 머무른다."[139] 아크로폴리스는 "누군가"의 "무대"와 영 딴판이다. 행위하기의 열정은 테메노스를 대하는 적절한 태도가 아니다. 예배 행위를 할 때 사람들은 어차피 융합하여 집단적인 몸을 이루며, 그 몸은 "누군가"의 개별성을 허용하지 않는다. 테메노스 안에서 등장하고 말하는 자는 신들이다.

하이데거는 그리스를 여행하는 중에 아크로폴리스를 바라보며 폴리스에 관하여 이렇게 쓴다. "이 폴리스는 모든 객체성의 조건으로서의 주체성을 몰랐다. 이 폴리스는 신들의 명령에 복종했으며, 신들은 모이라Moira(운명을 뜻하는 고대 그리스어—옮긴이) 곧 운명에 예속되어 있었다."[140] 아렌트는 고대 그리스의 폴리스를 "누군가"의 무대로, 자유와 행위의 무대로 제시함으로써 폴리스를 새롭게 발명한다. 이때 고대 폴리스의 예배적 차원은 완전히 은폐된다. 아렌트의 폴리스 안에는 신들을 기리는 축제가 존재하지 않는다. 오로지 행위하기의 열정이 지배하는 그녀의 사상 안에는 축제, 리추얼, 놀이가 들어설 자리가 없다.

아렌트는 고대 그리스의 폴리스를 "역사를 통틀어 우리가 아는" "가장 개인주의적인", "가장 비순응주의적인 정치적 단체"로 이상화한다.[141] 하지만 이 신성한 정치적 공간 안에서 실제로 무슨 일이 벌어지는지는 불가사의로 남는다. 정치적인 것의 유토피아로서의 폴리스는 세부적인 내용 규정을 회피한다. 이와 관련하여 아렌트의 제자 주디스 슈클라는 이렇게 말한다. "아렌트 본인의 정치적 꿈이 폴리스와 결합한 채로 머물렀다. 아리스토텔레스가 우리에게 전해주는 모든 이야기에도 불구하고, 그녀는 이 신성한 '공적 공간' 안에서 과연 어떤 일이 벌어졌는지를 한 번도 명확하게 발언하지 않았다. 실제로 우리가 아는 바로는, 빈자와 부자가 맞서 격렬히 싸웠다. 싸움의 관건은 다음번에 다른 폴리스들과의 전쟁을 누가 어떤 방식으로 벌일 것인가였다."[142] 아렌트가 업신여기면서 필수조건의 나라로, 벌거벗은 삶의 영역으로 추방하고자 한 "사회적 질문들"이 폴리스 안에 없었느냐 하면, 전혀 그렇지 않다. 플라톤의 《소크라테스의 변론》도 아렌트가 그린 이상적인 폴리스의 그림을 뒤흔든다. 그 작품에서 소크라테스는 폴리스 안에 만연한 순응주의를 비판한다. "너희 아테네인들은 이것만 알아두게. 내가 벌써 오래전에 **나랏일**politiká prágmata을 맡기 시작했다면, 나는 이미 오래전에 죽었을 거야. […] 내가 진실을 말한다고 나에게 화를 내지는 말게! 너희에게든 다른 군중에게든 용감히 저항하면서 나라 안의 많은 부정의와 불법을 막으려 하는 사람은 누구라도 목숨을 부지할 수 없다네." [143] 자유로운 발언과 **솔직히 말하기**parrhesia는 폴리스에서 위험한 짓이다. 고귀한 동기로 진실을 발설함으로써 군중의 의지에 맞서는 사람은 죽임을 당할 위험을 무릅써야 한다.

아렌트의 사상은 정치적인 것의 유토피아를 양분으로 삼는다. 아렌트가 보기에 인간의 자유가 정착하는 장소인 정치적인 것은 구원의 광선이며, 그 광선은 "피조물의 암흑"을, 벌거벗은 삶의 어둠을 깨트리고 그 어둠을 "인간적인 것의 밝음"으로 격상한다. 아렌트가 보기에 **존재하기**는 피조물에게 어울린다. 인간적인 것은 **행위하기**다. 아렌트는 정치적인 것에 존재론적인, 심지어 구원론적인 존엄을 부여한다. 폴리스를 "자유로운 행위와 생동하는 언어를 위한, 울타리를 두른 공간"으로 추어올린다. 그 공간이 인간의 삶을 "찬란히 빛나게" 한다. [144]

폴리스는 "울타리를 두른" 자유의 공간이다. 인용된 문구들이 등장하는 아렌트의 저서는 원래 영어로 출판되었는데, 그 영어판에는 "울타리를 두른"이라는 표현이 빠져 있다. 아렌트는 자신의 글을 독일어로 옮기면서 그 표현을 덧붙인다. 공적 공간으로서의 **아고라**는 실은 열려 있다. 울타리를 두른 공간은 테메노스뿐이다. 무의식중에 아렌트는 고대 그리스의 폴리스를 **자유의 신전**으로 만들고 있다. "울타리를 두른"이라는 표현은 아렌트의 사상에서 정치적인 것이 어떤 성격을 띠는지에 관하여 아주 많은 것을 드러낸다. 아렌트는 폴리스를 위하여 높은 울타리를 설치한다. 이는 사람들을 피조물의 벌거벗은 삶으로, 필수조건의 나라로 휩쓸어 들이는 힘들로부터 폴리스를 보호하기 위해서다. 정치적인 것의 본질적 핵심인 행위하기의 자유가 비로소 인간을, "동물들처럼 살고 죽는" "한낱 생물들"과 구별되게 만든다. 인간은 "생물학적인 생명 과정을 통한 예속"으로부터 해방될 때 자유의 나라에 도달한다.[145] 오로지 행위하기의 자유만이 사람들을 벌거벗은 삶의 곤궁함과 필수조건들로부터 구원한다. 그 자유는 **거듭남의 순간**이 띤 특징이며, 거듭남은 인간을 피조물의 지위보다 더 위로 격상한다. "말하고 행위하면서 우리는 인간들의 세계에 진입한다. 그 세계는 우리가 그 세계 안으로 태어나기 전부터 존재했으며, 이 진입은 거듭남과도 같다."[146]

아렌트가 꿈꾸는 정치적인 것의 유토피아는 혁명에 관
한 그녀의 생각에서 가장 잘 표현된다. 아렌트에 따르면,
혁명은 인간 자유의 최고 표출이다. 혁명은 새로운 시작
으로서의 자유와 동의어다. "혁명을 인간적 경험의 무대
전면으로 다시 이동시킨 것은 자유 안에서 행위하기In-
Freiheit-Handeln 경험, […] 새로운 무언가를 시작할 수 있
는 인간적 능력에 대한 경험이었다. […] 이 새 시작의 열
정이 주도권을 쥐고 자유에 관한 상상과 결합할 때만 우
리는 정당하게 혁명을 거론할 수 있다."[147] 아렌트는 자
신의 정치적인 것의 유토피아를 혁명에 투사한다. 따라
서 혁명의 목표는 곤궁함, 비참함, 굶주림, 빈곤, 부정의,
억압으로부터의 해방이 아니라 자유의 확립이다. 심지어
양도할 수 없는 시민권을 온 인류에게로 확장하는 것도
혁명적이지 않다. 정당화되지 않은 강제로부터의 자유로
서의 자유는 단지 부정적 자유 곧 해방을 의미할 따름이
다. 진정으로 혁명적인 것은 모든 각자에게 공적 공간에
의 진입을 허용하는, 자유의 확립이다. 해방은 정치적 삶
꼴로서의 자유를 위한 필요조건에 불과하다. 부정적 자
유로서의 해방으로부터 공적인 삶에 참여함으로서의 자
유가 반드시 귀결되는 것은 아니다.

아렌트의 고귀한 자유, 아렌트의 자유의 메시아주의는 모든 사회적 질문을, 사회적인 것 자체를 필수조건의 나라로 추방한다. 정치적인 것과 사회적인 것은 완전히 분리된다. 사회적인 것은 벌거벗은 삶의 표현이며, 벌거벗은 삶은 자유의 나라로의 진입을 방해한다. 아렌트에 따르면, 프랑스혁명을 좌절시킨 암초는 바로 사회적인 것이다. 군중의 비참함은 "자유의 걸림돌"이다. 군중의 절박한 곤궁함과 거기에서 벗어나려는 노력은 자유의 이념을 실현하는 데 이롭지 않다. 벌거벗은 삶에 빠져 있는 민중에게 정치적인 것은 변함없이 금기다. 민중의 비참함을 통해 사회적 곤궁이 정치적 무대 위에 등장하여 싹트는 자유의 이념을 질식시킨다. "모든 참여자가 민중의 비참함에 동요하여 느닷없이 합의한 대로 혁명의 목표는 민중의 행복과 안녕이어야 한다는─'le but de la Révolution est le bonheur du peuple(혁명의 목표는 민중의 행복이다)'─것이 옳다면, 충분히 계몽된 전제 정부가 공화국보다 그 목표를 위해 어쩌면 더 적합할 것이다."[148] 행복은 정치의 과제가 아니다. 행복은 비참함과 마찬가지로 필수조건의 나라에 속한다. 프랑스혁명에 대한 아렌트의 해석은 결국 비정치적이다. 절망한 군중이 파리의 길거리로 쏟아져나와 자기네를 공적으로 가시화하는 순간에 벌써 그들은 정치적 무대에 발을 들인다. 진정으로 정치적인 것은 지배자들이 강제로 부여한 비가시성으로부터 해방되려는 노력이다. 아렌트의 프랑스혁명 해석이 띤 비정치성은 역설적이게도 정치적인 것에 대한 그녀의 유토피아적 견해에서 비롯된다. 정치적인 것의 무대 위에는 군중이, 민중이 등장하지 않는다. 그 무대 위에는 오로지 찬란한 특수성을 띠고 불멸의 명성을 추구하는 "누군가"만 등장한다. 민중은 벌거벗은 삶에 건져낼 수 없을 만큼 빠져 있다. 행위하기에 관한 아렌트의 생각은 미국독립혁명을 긍정적으로 채색한다. 아렌트에 따르면, 미국독립혁명의 주역들은 자유의 걸림돌 곧 사회적인 것에 직면하지 않는 행운을 누렸다. 그들이 성공한 것은 "노예들의 비가시성" 덕분이었다.[149] 즉, 노예들이 변함없이 비가시적인 상태로 머무른 덕분이었다. 그리하여 **지식인들**hommes de lettres은 흑인들의 비참함에 방해받지 않고 자기들끼리 모여 자유의 이념을 실현할 수 있었다. 노예 해방은 아렌트가 보기에 어차피 정치적 행위가 아니다. 왜냐하면, 오늘날 들으면 매우 냉소적으로 느껴지는 말이지만, 노예들은 "정치적 억압보다 단순하기 그지없는 삶의 기본 욕구들에 의해 더 많이 속박되어 있기" 때문이다.[150] 아렌트는 귀족제와 노예제의 폐지 같은 프랑스혁명의 성취들을 외면한다. 그런 성취들은 진정한 정치적 행위들일 테고 프랑스혁명에 미국독립혁명보다 더 큰 의미를 부여할 텐데 말이다.

아렌트가 보기에 사회적 질문들은 정치적인 것에, 고 귀한 자유의 영역에 속하지 않는다. 사회적 질문들에 관한 공적 논쟁의 범람을 아렌트는 "유행병"으로 느낀다.[151] 사회적인 것은 단지 벌거벗은 피조물적인 삶에 관한 것일 따름이다. 정치는 그 삶으로부터 거리를 두어야 한다. 아렌트는 다음을 유념하라고 강조한다. "고대 정치사상은 경제적인 것을 벌거벗은 삶에 필요한 것과, 따라서 필수조건과 관련지었는데, 그 취지가 경제적인 것은 집안 살림에 관한 것이건 나라 살림에 관한 것이건 폴리스 안에서, 곧 정치적 영역 안에서 어떤 역할도 하면 안 된다는 것이라면, 고대 정치사상은 딱히 틀리지 않았다."[152]

정치적인 것이 내뿜는 구원의 광선은 사회적인 것과 경제적인 것을 빛바래게 한다. 레닌은 러시아 10월 혁명을 "전기 도입 플러스 소비에트Elektrifizierung plus Sowjets"로 정의했는데, 아렌트는 이 정의에서 "전적으로 비마르크스주의적인 경제와 정치의 분리"를, "러시아의 사회적 질문에 대한 해법으로서의 기술적 진보와 새로운 국가 형태로서의 소비에트 시스템의 분리"를 본다. "곤궁함과 빈곤은 생산수단의 사회화와 사회주의를 통해서가 아니라 산업화를 통해서 해결해야 한다"[153]라는 말을 마르크스주의자의 입에서 듣는 것은 놀라운 일이라고 한다. 사회적 곤궁함과 빈곤은 기술적인 사안이지 정치적인 사안이 아니다. 하지만 아렌트가 간과하는 사실이 있는데, 그건 바로 산업자본주의가 18세기와 19세기 유럽에서 빈곤과 비참함을 극단적으로 심화했다는 점, 모든 정치적 통제 바깥에 방치된 산업화는 테러로 이어진다는 점이다.

아렌트는 빈곤과 정치의 관련성을 거듭 반박한다. "빈곤을 정치적 수단으로 물리칠 수는 없다는 점을 도외시하지 않는 것"이 중요하다고 한다.[154] 빈곤은 단지 기술적인 사안이다. "정치적 수단을 통해 인류를 빈곤에서 해방하려 하는 것은 가장 부질없고 위험한 짓이라는 점은 말할 것도 없고 가장 시대에 뒤떨어지고 불필요한 짓"이라고 아렌트는 쓴다.[155] "자연과학과 자연과학적 기술이 계속 발전하면 그리 머지않은 미래에, 정치적 고려의 틀 바깥의 기술적이며 자연과학적인 기반 위에서 이 경제적 사안들을 다룰 가능성이 열릴 것이라는 희망이 오늘날 있는데, 그 희망은 매우 정당하다"라고 한다.[156] 사회적 문제를 정치적 수단으로 해결하려는 모든 시도의 귀착점은 "테러"라고 한다.

노예제, 굶주림, 비참함은 일차적으로 경제적 원인들이 아니라 정치적 원인들에서 비롯된다는 점을, 사회적 문제들은 항상 정치적 사안이라는 점을, 오늘날 착취당하거나 굶어 죽는 사람들은 지구적 자본주의가 지배하는 시스템 안에서 작동하는 구조적 폭력의 희생자라는 점을 아렌트가 알아채려면, 그녀는 정치적인 것에 대한 고귀한 생각과 결별해야 할 것이다. 장 지글러는 간결하게 단언한다. "굶어 죽는 아이는 죽임을 당하는 것이다."[157] 굶주림과 비참함은 치명적인 지구적 폭력을 조장하는 지구적 지배관계를 반영한다. 아렌트가 꿈꾸는 정치적인 것의 유토피아는 경제적 공간을 관통하는 권력관계와 지배관계를 전혀 보지 못한다. "누군가"의 "무대"로서의 정치적 공간은 알고 보니 비정치적 구성물이다.

정치적 공간을 경제적인 것과 사회적인 것으로부터 격리하려는 아렌트의 거듭된 시도는 그녀가 품은 **자유의 메시아주의**에서, 그녀의 **구원주의적 욕구**에서 비롯된다. 벌거벗은 삶의 곤궁함과 필수조건에서 멀리 떨어진 저편에 자유의 공간을 마련하려는 욕구에서 말이다. 그녀는 "인류를 몇 번이고 계속 구원할" "기적"을 거듭 들먹인다.[158] 아렌트는 예수의 탄생을 자신의 메시아주의적 희망의 근거로 삼는다. "세계 안에서 신뢰를 가져도 된다는 점, 그리고 세계를 위한 희망을 품어도 된다는 점을 성탄절 오라토리오에서 '복음'을 전하는 다음과 같은 말보다 더 간결하고 아름답게 표현하는 것은 어쩌면 어디에도 없다. '우리에게 한 아이가 태어났다.'" [159]

아렌트가 자유의 빛나는 모범으로 이상화하는 고대 그리스의 폴리스에서는 새로움과 새 시작을 향한 열정이 낯설었다. 오히려 그 열정은 근대정신에서 유래했다. 절대적 새로움을 강조하는 풍토는 우선 근대 학문들을 사로잡았으며 또한 프랑스혁명에 기반을 제공했다. 아렌트 본인도 새로움을 향한 열정을 근대에 위치시킨다. "마치 새로움으로서의 새로움을 향한 기이한 열정이 비교적 완결된 과학적 사변과 철학적 사변에서 나와 정치적인 것의 영역까지 퍼지는 데 200년이 걸리기라도 한 것 같았다. […] 8세기와 그때 일어난 혁명들의 와중에야 비로소, 절대적 새로움이 정치적 영역에도 있을 수 있다는 의식이, 따라서 새로움은 행위하는 인간의 손아귀에 주어질 수 있는 무언가라는 의식이 생겨났다." [160]

키르케고르는 "반복"을 두둔하며 새로움을 깎아내리는데, 이는 다름 아니라 근대정신에 맞선 반란의 몸짓이다. 키르케고르에 따르면, "오직 새로운 것만 지겨움을 유발한다. 오래된 것은 절대로 그렇지 않다." 오래된 것은 "축

복으로 배부르게 하는 일용할 양식"이다.[161] 일용할 양식
은 자극이 없다. 오직 자극 없는 것만이 반복을 허용한다.
반복은 자극 없는 것에서 집약성을 발견한다. 오직 **오래된
것만** 반복 가능하다.

　새로움을 향한 근대적 열정은 **존재**를 해체하여 **과정**으
로 만든다. 새로움이라는 조건 아래에서는 관조하는 삶
이 가능하지 않다. 관조는 반복이다. 이제 새로움에 대한
강조와 결합하는 행위하기의 열정은 세계 안에 많은 동
요를 일으킨다. 아렌트는 행위하기를 도달하여 쉴 목표
를 모르는 열린 과정으로 이해한다. 행위하기는 단순히
처음에 품은 의도를 실행하지 않는다. 오히려 행위하기
의 실행은 "자유가 끊임없이 새롭게 입증되는 것에, 새로
운 시작들이 말하자면 일단 시작된 것 안으로 새롭게 흘
러드는 것에" 의존한다.[162] 행위하기가 새로운 시작들을
과정들 안으로 던지기를 그치면, 자유에 의해 시작된 과
정들은 굳어져 자동과정이 된다. 이 자동과정은 "자연과
정들의 자동성에 못지않게 몹시 해롭다."[163] 새 시작의 힘
이 잦아들자마자, 쇠퇴가 시작된다. 그렇기 때문에 인류
역사는 대부분 자동적인 과정들로 이루어지며, 그 과정
들은 간헐적으로만 행위하기에 의해 중단된다. "[…] 그
런 쇠퇴 과정들이 여러 세기 동안 지속될 수 있음을, 실

제로 순전히 양적으로 따지면 우리에게 전승된 역사의 대부분을 그런 과정이 차지함을 우리는 안다."[164] 새로운 시작들이 주는 자극이 없으면, 어떤 역사적 시대든지 곧바로 쇠퇴의 제물로 바쳐진다. 아렌트가 보기에 역사는 어떤 목표도 없이 흘러간다. 오직 끊임없는 새 시작들만이 역사가 돌처럼 굳어져 치명적인 경직 상태에 빠지는 것을, 위험한 자동과정으로 주저앉는 것을 막아준다.

지구상에서 인류의 존속이 자유가 끊임없이 새롭게 입증되는 것에, 새로운 시작들이 쉼 없이 세계 안으로 들어오는 것에 실제로 의존하는지 의심스럽다. 새로움과 새 시작을 향한 열정은, 니체가 "성찰의 정령Genius der Meditation"이라고 부르는 **또 다른 정신**에 의해 억제되지 않으면, 파괴적인 특징들을 띠게 된다. 모든 가치의 전복을 주창하는 사상가 니체는 새로움에 대한 맹목적인 강조를 거부한다. 그는 새로움을 설교하는 자들도 일리가 있음을 인정하지만 관조하는 삶의 필수성을 절대로 시야에서 놓치지 않는다. 그리하여 그는 새로움의 설교자들과 위대한 관조적 정신들을 맞세우고, 후자들을 "정신의 농부들"이라고 부른다. "가장 강하고 가장 악한 정신들이 이제껏 인류를 가장 많이 진보시켰다. 그들은 잠드는 격정들Leidenschaften을 계속 다시 불러일으켰고(모든 질서정연한 사회는 격정들을 잠들게 한다), 비교하는 감각, 모순을 느끼는 감각, 새로운 것, 과감한 것, 시험해보지 않은 것에서 쾌락을 느끼는 감각을 계속 다시 깨웠으며, 사람들이 견해들과 견해들을, 모범들과 모범들을 맞세울 수밖에 없게 만들었다. 그들은 주로 무기로, 경계석을 쓰러뜨림으로써, 경건함을 위반함으로써 그렇게 했지만 또한 새로운 종교와 도덕을 통해서도 그렇게 했다! 그와 동일한 '악의'가 모든 **새로움**의 선생과 설교자 안에 […] 있다. 그러나 새로운 놈은 정복하려는 놈, 오래된 경계석들과 경건함을 쓰러뜨리려는 놈으로서 어떤 경우에나 **악한** 놈이다. 그리고 오직 오래된 놈만 좋은 놈이다! 시기를 막론하고 좋은 사람들은 오래된 생각들을 깊이 파고 오래된 생각들을 가지고 열매를 맺는 자들, 정신의 농부들이다."[165]
니체가 꼽는 정신의 농부들은 파스칼, 에픽테토스, 세네카, 플루타르코스 같은 "위대한 도덕주의자들"이다. 니체에 따르면, 그런 정신의 농부들이 우리 시대에 결핍된 것은 **관조하는 삶**을 상실한 탓이다. 니체는 근대의 위기를, 저 **관조의 정령**이 우리를 완전히 떠나버린 탓으로, 저 "악의 보습Pflugschar"이, 물론 이 보습은 합목적적이고 의심할 여지 없이 고유한 역사적 의미를 가질 수도 있겠지만, 정신의 농부들을 모조리 몰아낸 탓으로 돌린다. 새로움의 설교자로서 아렌트는 새로움을 무릇 좋음으로 절대화한다. 그 좋음이 인류를 몰락으로부터 보호해야 한다.

아렌트는 **사회 자체**가 자유와 맞선다고 본다. 왜냐하면 사회는 벌거벗은 삶을 담당하기 때문이다. 사회는 단지 **오이코스**의, 집안 살림과 가족의 경계 너머로의 확장일 따름이다. 아렌트는 사회에 내재하는 순응주의를 가족의 탓으로 돌린다. 아렌트에 따르면, 가족 안에는 오직 "하나의 관점Ansicht만" 있다. 사회 안에서는 "사회적인 것" 즉 벌거벗은 삶이 지배권을 거머쥔다. 과거에 오이코스가 그랬던 것과 똑같이 사회는 "모든 발전 단계에서" 행위하기를 배제한다. 사회는 사적인 집안 살림을 공적 공간 안으로 확장하고, 그 공간 안에서는 인류의 삶의 과정이 우선적이므로, 사회 안에서는 인류의 생존이 우선권을 쥐고 "인간의 진정한 인간임" 곧 행위하기의 자유를 소멸시킨다.

아렌트에 따르면 사회는 현대 대중사회에서 완성된다. "대중사회는 무릇 사회의 승리를 공표한다."[166] 현대 대중사회에서 "아무도 아닌 자의 지배Herrschaft des Niemands"가 실현된다. 행위 주체로서의 "누군가"는 억압당한다. 아무도 아닌 자의 지배는 여러모로 "그들Man"의 독재와 유사하다. 하이데거도 "그들"을 "아무도 아닌 자"라고 칭한다. 하이데거가 말하는 "그들"의 지배도 **"행위할 가능성"**을 억누른다.[167] 대중사회에서는 행위하기가 밀려나고 "행동하기Sich-Verhalten"가 그 자리를 차지한다. "사회는 모든 사회구성원이 그때그때 다양한 형태로 행동할 것을 기대하며 행동에 관하여 무수한 규칙들을 지정하는데, 그 모든 규칙의 목적은 개인들을 사회적으로 표준화하기, 개인들을 사회적으로 수용 가능하게 만들기, 자발적인 행위하기와 탁월한 성취들을 막기다."[168]

"같게 만들기Gleichmachen"는 사회의 본질적 특징이다. 아렌트는 사회에 내재하는 순응주의에 기반을 둔 현대의 무차별성Egalität을 고대 그리스 폴리스에서의 같음과 맞세운다. "늘 소수인 '**같은 자들**homoioi'에 속한다는 것이 거기에서 의미하는 바는, 동등한 사람들 사이에서 생애를 보내도 된다는 것이며, 이것은 그 자체로 이미 특권과 다름없었다. 그러나 폴리스 곧 공적 공간 자체는 더없이 격렬하고 무자비한 경쟁장이었고, 그 경쟁장에서 모든 각자는 다른 모든 사람보다 뛰어나야 했고, 탁월한 행위, 말, 성취를 통해 자신이 '**최고인 자**'로서 산다는aien aristeúein 점을 증명해야 했다."[169] 바꿔 말해, 공적 공간은 평균적이지 않은 자들을 위한 것이었다. 거기에서 모든 각자는 무엇 때문에 자신이 평균보다 우뚝한지 보여줄 수 있어야 했다. 대중사회에서는 평균적인 "그들"이 아무도 아닌 자로서 지배권을 넘겨받는다. 거기에서 모든 것은 평준화된다. 아렌트는 이미 하나의 "사회"였던 고대 그리스의 폴리스에서도 순응주의가 대세였다는 사실을 애써 외면한다. 소크라테스가 받은 유죄 판결이 그 사실을 입증한다.

사회는 단지 집과 가족의 확장이라는 아렌트의 견해는 다양한 사회 유형들을 식별하고 그것들의 기능 방식을 탐구하는 세분화된 사회 분석을 불가능하게 만든다. "아무도 아닌 자의 지배"는 실은 권력 구조에 기반을 둔다. 고대 그리스의 폴리스를 비롯한 모든 사회는 지배 구조이며 체제Regime다. 이 체제가 인간을 **바탕에 놓인 자** Subjekt로, 곧 **예속된 자**로 만든다. 벌써 몸부터가 권력 작용의 산물이다. 이 깨달음은 푸코가 말하는 "생명 권력 Biomacht"의 기반에 놓여 있다. 생명 **정치**는 인간의 몸을 조형하고 관리한다. 산업자본주의의 바탕에 깔린 규율 체제에서 생명 정치는 고분고분한 몸들을 생산한다. 면밀히 계산된 강제가 모든 각각의 신체 부위에 스며들어 "형태 없는 반죽을, 쓸모없는 몸을" "기계"로 만든다.[170] 규율 체제하의 고분고분한 몸은 오늘날 우리가 피트니스 앱을 사용하여 최적화하는 몸과 동일하지 않다.

아렌트의 사회이론은 하나의 체제로서의 사회 각각을

산출하는 권력 메커니즘들을 분석할 수 없다. 그 이론으로는, 규율 체제가 신자유주의 체제로 이행하는 것도, 산업자본주의가 감시자본주의로 발전하는 것도 이해할 수 없다. 아렌트가 정치적인 것을 독보적인 지위로 격상하고 사회적인 것과 분리할 때, 그녀는 다름 아니라 사회를 체제로서 확립하는 정치적이며 권력경제적인 과정들을 은폐하는 것이다.

정치적인 행위가 비로소 새로움을 세계 안에 도입하고 새로운 질서를 창조하는 것이 아니다. 왜냐하면 **미디어가 이미 혁명이기** 때문이다. 모든 새로운 미디어는 새로운 체제를 귀결로 가진다. 왜냐하면 새로운 미디어는 새로운 권력 구조를 확립하기 때문이다. 규율 체제는 산업화와 더불어 시작된다. 이때는 지배 자체가 기계적 형태를 띤다. 규율 권력은 파놉티콘 기계의 톱니바퀴 장치 안에 사람들을 끼워 넣는다. 디지털화는 정보 체제를 산출하며, 알고리즘과 인공지능을 활용하는 정보 체제의 **심리 정치**는 행위를 감시하고 조종한다.

대중사회에 관한 아렌트의 생각으로는 현재 진행 중인 사회적 변화들을 설명할 수 없다. 오늘날 대중은 중요성을 상실하고 있다. '특이점들의 사회Gesellschaft der Singularitäten'가 거론되는 것은 우연이 아니다. 다들 창조

성과 진정성을 들먹인다. 모든 각자가 자신을 유일무이한 자로 여긴다. 누구나 자신의 고유한 이야기를 보유하고 있다. 누구나 자신을 공연한다. **행위하는 삶**vita activa은 이제 **공연하는 삶**vita performativa으로 표출된다. 새로움에 대한 강조도 다시 불붙는다. 새로운 것이 집약적인 삶을 가능케 해야 한다. 오래된 것은 불신당한다. 이른바 스타트업들start-ups도 창조성과 혁신을 외치고 새로움을 약속한다. 이를 감안하면, 새로움과 새 시작에 대한 아렌트의 강조는 오늘날의 시대정신과 어울린다.

아렌트의 대중사회는 행위하기와 말하기를 어렵게 만듦으로써 평균적인 것을 총체화하고 개별적인 것과 이례적인 것을 억압한다. 그 사회는 "탁월한 성과"를 허용하지 않는다. "탁월한 성과가 들어설 자리를 제공하지 않는다." 그리하여 "그 안에서 사람들이 뛰어남을 드러내고 탁월한 것이 정당한 자리를 얻을 수 있는" "저 세속적 공간"이 소멸해간다. 아렌트가 사회의 완성된 형태로 여기는 이 대중사회는 오늘날의 사회와 정반대다. 우리는 이미 오래전에 산업 대중사회를 벗어났다. 신자유주의 체제 안에서 산업 대중사회는 **성과사회**로 바뀐다. 이제 성과사회 안에서 우리는 성과를 향상하기 위해 경쟁한다. 신자유주의 체제는 억압적이지 않다. 오히려 지배는 더 스

마트한 형태를 띠고, 더 많은 성과를 내라는 끊임없는 다그침으로 표출된다. 성과를 향한 이 같은 미묘한 강제는 치명적이게도 자유의 증대로 해석된다. 오늘날 우리는 우리 자신을 자발적으로 착취한다. 그러면서 **우리 자신을 실현한다고** 믿는다. 우리는 자기를 숭배하고 경건히 예배한다. 그 예배에서 모든 각자는 자기 자신의 성직자다. 대중사회에서는 진정성 강제가 낯설었다. 대중미디어가 지배하는 대중사회에서와 달리 디지털 미디어의 시대에는 말하기 능력이 위축되지 않는다. 오히려 정반대다. 지금은 누구나 생산자요 방송인이다. 누구나 자기를 생산한다. 우리는 소통 도취에 빠져 있다.

아렌트에 따르면 인간의 유일무이한 독특함은 행위하기에서 비로소 드러난다. 인간이 보유하고 통제하는 속성들이나 능력들과 달리 "개인적인 누군가가-그때그때-누구인지Wer-jemand-jeweilig-ist"는 행위하는 자 본인에게 은폐되어 있다. 왜냐하면 그 누군가가-그때그때-누구인지는 행위하기에서 오직 "본의 아닌 방식으로"만 드러나기 때문이다. 따라서 오로지 함께-세계Mitwelt(일상적인 독일어에서의 의미는 '함께 사는 타인들' ―옮긴이)만 행위하는 자가 실제로 누구인지 안다. "이 누구는 함께-세계에게 그토록 오해할 여지 없고 명백한 방식으로 드러나지만, 정작 보여주는 자 본인에게는 마치 고대 그리스인들이 이야기한 정령처럼 항상 은폐된 채로 머무를 개연성이 매우 높다. 그 정령은 인간의 평생 내내 동행하지만 오직 인간 뒤에서 그의 어깨너머로 앞을 바라보기 때문에 그가 만나는 사람들에게는 보이지만 그 자신에게는 영영 보이지 않는다."[171] 아렌트의 생각과 달리 고대 그리스인들이 이야기한 **다이몬**daimon은 함께-세계에게 경험 불가능하다. 다이몬은 가끔 동행자에게 개인적으로 말을 걸음으로써 자기를 드러낸다. 하지만 함께-세계는 이를 까맣게 모른다. 플라톤의 《소크라테스의 변론》에서 소크라테스는, 다이몬이 발언함으로써 소크라테스 자신이 막 하려는 바를 가로막는다고 이야기한다. "내가 개인들에게 조언하기 위해 이리저리 돌아다니고 많은 공을 들이면서도 공적으로 당신네 회의에 참석하여 감히 국가에 조언하지 않는 것은 불합리하다고 느끼는 사람이 어쩌면 있을지도 모르겠소. 거기에는 사연이 있고, 당신들은 내가 그 사연을 말하는 것을 이미 다양한 방식으로 자주 들었소. 그 사연은 내가 신적이고 정령적인 무언가를 경험한다는 것이오. […] 나는 그 일을 어린 시절부터 겪었소. 어떤 목소리가 들리는데, 그럴 때마다 그 목소리는 내가 하고자 하는 바를 하지 말라고 충고했고, 무언가를 하라고 부추긴 적은 한 번도 없소."**172** 신비로운 다이몬의 목소리는 **멈춰!** 라고 말한다. 그 목소리는 소크라테스가 행위하지 못하게 막는다. 보아하니 다이몬은 **무위의 정령**이다.

고대 그리스인들의 다이몬은 로마인들의 정령에 해당한다. 후자는 모든 각자가 태어날 때 수호신으로서 곁에 있다. **"그가 나를 낳았으므로, 그를 일컬어 나의 정령이라고 한다**Genius meus nominatur, quia me genuit."**173** 정령은 날 때부터 죽을 때까지 우리와 동행한다. 그는 우리 곁에 가장 가까이 있는 자이지만 또한 우리 안에 있는 가장 비개인적인 자, "우리 안에 있지만 우리를 넘어서고 우리를 능가하는 무언가의 의인화"다.**174** 우리는 "인간은 단지 나와 개인적 의식에 불과하지 않다"라는 것을 깨닫는다. "자신으로 충분하다는 나의 주장"은 정령에 부딪쳐 산산이 깨진다. 정령이 함께 있는 상황에서 "우리를 실체적 동일성의 캡슐로 감싸 격리하는 것"은 불가능하다.**175**

우리를 **누군가**로 만드는 속성들은 정령과 어울리지 않는다. 그 속성들을 벗어놓을 때, 행위의 무대 위에서 우리가 쓰는 가면을 벗어놓을 때, 우리는 정령과 만난다. 정령은 가면 뒤의 얼굴을, 속성들을 벗어버린 얼굴을 들춰낸다. 이 **속성 없는 얼굴**은 아렌트가 행위하기와 연결하는 "개인적인 누군가가-그때그때-누구인지"와 맞선다. **속성**

들을 벗어놓았을 때 비로소 인간은 행위의 무대 바깥에 있다. 무위의 찬란함 안에서 우리는 특별한 의미에서 **아무도 아닌 자**다. 무위는 몰아沒我와 짝을 이룬다.

정령과 함께 살기란 아니-알기Nicht-Wissen의 영역과의 관계를, 아니-의식하기Nicht-Bewusstsein 영역과의 관계를 견지하기를 의미한다. 하지만 정령이 경험을 어둠 속으로, 무의식 속으로 옮겨놓는 것은 아니다("이어서 무의식 속에서 경험은 으스스한 과거로서 퇴적된다").[176] 오히려 정령과의 교류는 **더없이 환한 신비체험**이며, 그 신비체험에서 나는 자기 자신이 녹아 없어지는 과정에 평화롭게 참석한다. 정령에 씌었을 때, 곧 **영감을 받았을** 때, 우리는 **누군가이기**를 그치고 우리 자신을 나 안에 가두기를 그친다. 정령에 씌어 감동한 상태에서 우리는 우리를 우리 자신으로부터 떼어낸다. **정령**에 어울리는 것은 **자기-곁에-서기**Neben-sich-Stehen다. 이것은 **행복의 공식**이기도 하다.

우리에게 행위하기의 의무를 지우는 태어나 있음은 **행복을 동반하지 않는다.** 행위하기만 하는 사람은 감동과 행복을 주는 **정령**으로부터 버림받은 사람이다. 행복은 무위에서 나온다. 아렌트가 인간의 행복을 몹시 미심쩍게 바라보는 것은 근거가 없지 않다. "이른바 행복에 관해서 말하면, 오직 노동하는 동물만이 행복에 대한 요구를 속성으로서 지녔다는 점을 잊지 말아야 한다. 제작하는 일꾼도, 행위하는 정치적 인간도 행복하기를 바라거나 죽음을 면할 수 없는 인간이 행복할 수 있다고 믿을 생각을 전혀 하지 않는다."[177]

행위할 의무를 지우기로서의 "탄생"은 우리를 **시간 안에 옭아맨다**. 오직 무위만이 우리를 해방한다. 우리를 시간으로부터 구원한다. 정령은 전혀 다른 삶꼴을 상징한다. "정령의 아이 같은 얼굴과 떨리는 긴 날개는 정령이 시간을 전혀 모른다는 점을 알려준다."[178] 생일을 축하할 때 우리는 우리가 행위하는 존재라는 사실을 확실히 못 박지 않는다. 오히려 생일을 맞이하여 우리는 정령의 나타남을 축하한다. 정령의 나타남은 우리를 시간 위로 들어 올린다.

생일잔치에서 우리는 지나간 날을 회상하지 않는다. 오히려 생일잔치는 "참된 축제가 다 그렇듯이 시간을 거두기Aufhebung"다.[179] 시간 없음은 축제의 본질이다. 축제 시간은 서 있는 시간이다. 그리하여 우리는 축제를 **드나든 다**begehen. 오직 **서 있으며 가버리지 않는** 것만이 드나듦을 허용한다. 우리는 화려한 건물에 드나들 듯이 축제를 드나든다. 행위하는 사람은 목표를 눈앞에 둔다. 그의 행보는 **향하여 가기**요 **향하여 애쓰기**다. 행위하기만 하는 사람은 축제를 드나들 능력이 없다. 축제를 드나들기가 시간을 멈추는데 말이다. 게다가 축제를 드나들기는 목적으로부터 자유롭다. 이 때문에 축제를 드나들기는 반드시 목적과 결부된 행위하기와 다르다.

축제는 아렌트의 철학적 어휘에 들어 있지 않다. 그녀는 어디에서도 축제를 언급하지 않는다. 행위하기를 향한 그녀의 열정이 삶으로부터 모든 축제성을 앗아간다. 축제는 넘쳐나는 삶의 표현, 삶의 집약적 형태다. 축제에서 삶은 삶 바깥의 목표를 추구하는 것이 아니라 삶 자신과 관계 맺는다. 축제는 행위하기를 무력화한다. 그래서 안식일에는 목표를 향한 활동이 일절 금지된다. 목적 없이 자기 안에서 진동하는 삶, 그것이 바로 축제의 쉼이다. 행위를 향한 결단이 아니라 축제의 분방함Ausgelassenheit이 우리를 벌거벗은 삶 위로 들어 올린다. 축제는 **오이코스** 바깥에서 이루어진다. 경제적인 것은 무력화된다. 원시적인 축제들에서 흔히 볼 수 있는 낭비나 탕진은 축제의 반反경제적 성격을 시사한다. 축제 시간에 삶은 더는 생존이 아니다. 반면에 행위하기는 생존꼴이다. 행위하기보다 축제가 삶에 더 많은 찬란함을 부여한다. 아렌트의 사상은 이 인간 실존의 찬란한 형태를 완전히 외면한다.

아렌트의 《행위하는 삶》은 불멸Unsterblichkeit과 영원Ewigkeit을 구별하는 것에서 출발한다. 불멸은 시간 안에서의 버티기요 지속하기다. 이것은 죽음과 늙음이 없는 신들과 변함없는 코스모스의 고유한 속성이다. 무한에 둘러싸인 인간은 죽음을 면할 수 없는 존재로서 영속하는 작품을 창조함으로써 불멸을 추구한다. 아렌트에 따르면, 불멸을 추구하기, 불멸의 명성을 추구하기는 "행위하는 삶의 원천이자 중심점"이다.[180] 인간은 정치적인 것의 무대 위에서 불멸에 도달한다. 반면에 아렌트에 따르면, **관조하는 삶**의 목표는 시간 안에서 버티기나 지속하기가 아니라 영원을 경험하기다. 이 경험은 시간뿐 아니라 함께-세계도 초월한다. 이 경험은 인간적인 일들의 바깥에서, 곧 정치적인 것의 바깥에서 일어난다. 그러나 어떤 인간도 영원 경험에 오래 머무를 수 없다고 아렌트는 덧붙인다. 인간은 함께-세계 안으로 다시 돌아와야 한다. 그런데 사상가는 영원 경험을 떠나 글을 쓰기 시작하자마자 행위하는 삶에 발을 들이고, 그 삶의 최종목적은 불멸이다. 그리하여 아렌트는 다음과 같은 몹시 의아한 주장에 도달한다. "아무리 생각하기의 중심에 영원이 있더라도, 생각하는 자 자신은 책상 앞에 앉아 자신의 생각을 적기 시작하자마자 그 사정을 방기한다. 글쓰기가 지속되는 한, 그의 주요 관심사는 영원이 아니라 자신이 생각하는 바의 흔적을 후대에 남기기다. 그는 나름의 방식으로 행위하는 삶에 진입했다. 그는 '행위하게' 되었고, 따라서 지속으로 또 어쩌면 불멸로 귀결될 수는 있어도 영원으로 귀결될 수는 없는, 행위하는 삶에서 유효한 규칙들과 길들을 받아들였다."[181] 따라서 아렌트는 글을 쓰지 않는 소크라테스를 의아하게 여긴다. 소크라테스는 불멸을 자발적으로 포기하는 셈이다. 보아하니 아렌트는 불멸하려는 의도로 생각하고 글을 쓴 모양이다. 그녀가 매우 협소하게 설정한 관조하는 삶의 개념은 그 삶을 여러 층이 있는 다채로운 삶으로 서술하는 것을 불가능하게 만든다. 심지어 글쓰기도 불멸 추구하기와 아무 상관 없는 관조일 수 있다.

아렌트는 관조하는 삶을 세계를 외면하는 도피로 해석한다. 그녀는 플라톤의 동굴의 비유를 왜곡하여 제시함으로써 자신의 해석을 입증하려 한다. "철학적인 영원 경험은 […] 오직 인간적인 영역 바깥에서만 […] 이루어질 수 있다. 플라톤의《국가》에 나오는 동굴의 비유가 다루는 것이 바로 이 조건이다. 그 비유는 어떻게 철학자가 자신을 동료 인간들 곁에 매어두는 사슬에서 스스로 해방해야 하고 이어서 철저히 외톨이가 되어 동료 인간들의 동행이나 뒤따름 없이 동굴을 떠나야 하는지 이야기해준다. […] 어떤 살아 있는 피조물도 시간 안에서 영원 경험을 견뎌낼 [수 없다]. 삶 자체가 사람들을 동굴 안으로 돌아오도록 강제한다. 동굴 안에서 그들은 다시 산다. 즉, '사람들 사이에 있다.'" **182**

플라톤의 동굴의 비유가 실제로 들려주는 것은 전혀 다른 이야기다. 그 비유에 등장하는 철학자는 자신과 동료 수감자 앞에 나타나는 그림자들, 그들이 유일한 실재로 여기는 그림자들에 자신을 매어놓는 사슬을 끊고 자유롭게 된다. 그는 진실을 찾아 동굴을 떠난다. 플라톤은 친형 글라우콘(《국가》에서 소크라테스의 대화 상대로 등장함—옮긴이)에게 이렇게 상상해보라고 요청한다. 철학자가 동굴 바깥에서 진실을 본 다음에 동굴 안으로 돌아와 수감자들을 그들의 착각으로부터 해방하려 한다면 어떻게 될까? **솔직히 말하기**parrhesia로서 실행될 그의 행위하기는 그를 수감자들에게 죽임을 당할 위험에 빠뜨릴 것이다. 그리하여 플라톤의 동굴의 비유는 이렇게 마무리된다. "그들[수감자들]을 해방하여 위쪽으로 데려가려는 모든 자를, 그자를 붙잡아 죽일 수만 있다면, 실제로 죽여야 할 것이다." **183** 플라톤은 그림자들이 나타나는 동굴이 상징하는 신화 체제에 진실 체제를 맞세운다. 철학자가 죽음의 위험을 무릅쓰고 동굴 안으로 돌아올 때, 그는 사람들에게 진실을 확신시키기 위해 **행위하는** 것이다. 그런데 그 행위하기에 선행先行하는 것은 진실을 인식하기다. 동굴의 비유를 이야기한 직후에 곧바로 플라톤은 이렇게 덧붙인다. "본인의 고유한 사안에서건 공적인 사안에서건 이성적으로 행위하고자 하는 자는" 먼저 "진실을 보아야" 한다. 요컨대 플라톤이 주는 교훈은 이것이다. 인식을 향한 길, 진실을 향한 길로서의 관조는 행위하기에 선행한다. 관조하는 삶 없는 행위하는 삶은 눈먼 삶이다.

《행위하는 삶》의 막바지에 아렌트는 근대에 일어나는 노동의 절대화가, **노동하는 동물**의 승리가 다른 모든 인간적 능력들을, 특히 행위하기를 망쳐놓는다고 단언한다. 이어서 예상외로 아렌트는 《행위하는 삶》 전체에서 내내 외면해온 생각을 말하기 시작한다. 그녀에 따르면, 근대적 발전이, 노동하는 동물의 승리가 가장 덜 해친 것은 생각하기다. 세계의 미래는 물론 생각하기에 달려 있지 않고 행위하는 인간들의 권능에 달려 있지만, 그럼에도 생각하기는 인간의 미래와 무관하지 않다. 왜냐하면 우리는 행위하는 삶의 다양한 활동들을 어떤 활동이 가장 활동적이고 어떤 활동에서 활동 경험이 가장 순수하게 나타나는가를 기준으로 고찰할 수 있기 때문이다. 그렇게 고찰하면 드러날 텐데, 생각하기는 활동성을 기준으로 볼 때 모든 활동을 능가한다. 《행위하는 삶》의 마지

막 몇 페이지에서 아렌트는 다름 아니라 생각하기를 모든 인간적 활동 가운데 가장 활동적인 활동으로 만든다.

아렌트는 카토Cato의 명언으로 자신의 견해를 뒷받침할 수 있다고 믿는다. "생각하기 경험에 익숙한 사람들은 다음과 같은 카토의 명언에 동의하지 않기가 어렵다고 느낄 것이다. numquam se plus agere quam nihil cum ageret, numquam minus solum esse quam cum solus esset(사람이 외견상 아무것도 하지 않을 때보다 더 활동적일 때는 결코 없으며, 사람이 외롭게 홀로 있을 때보다 덜 외로울 때는 결코 없다)."[184] 그런데 키케로는 〈공화국에 관하여De re publica〉에서 바로 이 명언을 인용하고서 곧바로 **관조하는 삶**을 찬양하기 시작한다. 그는 군중의 혼잡함에서 멀리 떨어져 관조하는 삶에 몰두할 것을 독자들에게 권한다. 키케로가 보기에 생각하기는 관조하는 삶에 속한다. 그러니 아렌트는 저서 《행위하는 삶》을 뜻하지 않게 관조하는 삶에 대한 찬양으로 마무리한 셈이다.

인간적 현존재는 오로지 **복합적인 삶**, 곧 행위하는 삶과 관조하는 삶의 협력에서만 실현된다. 성 그레고리오 1세(기원후 600년경의 교황―옮긴이)는 이렇게 가르친다. "좋은 삶 프로그램이 행위하는 삶에서 관조하는 삶으로 이행할 것을 요구하면, 영혼은 관조하는 삶에서 행위하는 삶으로 되돌아가서 심장 안에 점화된 관조의 불꽃을 온전히 행위에 선사하는 것이 유익할 경우가 많다. 그렇게 행위 하는 삶은 우리를 관조로 이끌고, 관조는 […] 우리를 다시 행위로 소환해야 한다."[185]

아렌트는 관조하는 능력의 상실이야말로 그녀 본인이 비판하는 노동하는 동물의 승리를 가져오는 요인이라는 점을 끝내 깨닫지 못한다. 그 승리는 모든 인간적 활동을 노동에 예속시킨다. 아렌트의 확신과 정반대로, 인류의 미래는 행위하는 사람들의 권능에 달려 있는 것이 아니라 관조하는 능력을 되살리기에, 바꿔 말해 **행위하지 않는 능력**을 되살리기에 달려 있다. 행위하는 삶이 관조하는 삶을 받아들이지 않으면, 행위하는 삶은 과도過度행위로 타락하고 영혼뿐 아니라 온 지구의 소진으로 귀결된다.

도래하는 사회

_ 노발리스 탄생 250주년에 부쳐

사랑받는 대상이라면 무엇이든지 낙원의 중심이다.

내가 말 걸면, 바위라도 특유한 너가 되지 않겠는가?

- 노발리스

오늘날 종교가 처한 위기는 단순히 우리가 신에 대한 믿음을 모조리 상실한 탓이나 특정한 교리들을 의심하게 된 탓으로 돌릴 수 없다. 더 깊은 수준에서 이 위기는 우리가 관조하는 능력을 점점 더 상실하고 있음을 환기한다. 심화하는 생산 및 소통 강제는 관조하며 오래 머무르기를 어렵게 만든다. 종교는 특별한 주의注意, Aufmerksamkeit를 전제한다. 말브랑슈는 그 주의를 영혼의 자연적 기도라고 칭한다. 오늘날 영혼은 기도하지 않게 되었다. 오히려 영혼은 **자기를 생산한다.** 영혼의 **과도활동**이 야말로 종교적 경험의 상실을 초래하는 원인이다. 종교 의 위기는 주의의 위기다.

행위하기의 열정으로 가득 찬 **행위하는 삶**은 종교에 이 르는 통로를 폐쇄한다. 행위하기는 종교적 경험에 속하 지 않는다. 《종교에 관하여》에서 슐라이어마허는 관조 적 직관을 종교의 본질로 격상하고 행위하기와 맞세운 다. "종교의 본질은 생각하기도 아니고 행위하기도 아니 라 직관과 느낌이다. 종교는 우주를 직관하려 하고, [...] 묵상하며 우주의 소리에 귀 기울이려 하고, 아이 같은 수 동성으로 우주의 단박 영향들에 사로잡히고 물들려 한 다."[186] 아이 같은 수동성으로 직관하기는 무위의 한 형 태다. 슐라이어마허에 따르면, 종교는 "모든 행위를 거둬 무한을 경탄하며 직관하기로" 만든다.[187] 행위하는 자는 목표를 눈앞에 두고 전체를 시야에서 놓친다. 또한 생각 하기는 한 대상에 주의를 기울인다. 오로지 직관과 느낌 만이 우주에, 곧 존재자 전체에 접근할 수 있다.

무신론은 종교를 배척하지 않는다. 슐라이어마허가 보 기에는 신 없는 종교도 얼마든지 생각할 수 있다. "종교 를 가지기란 우주를 직관하기를 [...] 뜻한다. 모든 우주 직관에 신의 관념을 적용할 수 있음을 당신들이 부인할 수 없다면, 당신들은 신 없는 종교가 신 있는 다른 종교보다 더 나을 수 있다는 점도 시인해야 한다."[188] 종교에 본질적인 것은 신이 아니라 무한을 향한 욕망이며, 그 욕망은 우주를 직관할 때 충족된다. 귀 기울이기는 종교와 어울리는 동사인 반면, 행위하기는 역사와 어울리는 동사다. 무위로서의 귀 기울이기가 이루어질 때, 구별과 경계 긋기가 이루어지는 장소로서의 나는 침묵한다. 귀 기울이는 나는 전체 속으로, 경계 없음 속으로, 무한 속으로 침몰한다. 횔덜린의《휘페리온》에 나오는 다음과 같은 아름다운 대목은 슐라이어마허가 종교를 우주 직관으로 규정하면서 속으로 떠올리는 바를 시적인 언어로 표현한다.

부드러운 공기의 물결이 가슴께에서 노닐 때, 나의 온 존재가 침묵하며 귀 기울인다. 길을 잃고 너른 푸름 속에 빠져 나는 자주 위로 에테르를 쳐다보고 신성한 바닷속을 […] 들여다본다. 모든 것과 하나이기, 이것이 신적인 것의 삶이요 인간의 천국이다. 살아 있는 모든 것과 하나이기, 축복받은 몰아 상태에서 온 자연 안으로 되돌아가기, 이것이 생각과 기쁨의 봉우리, 신성한 산꼭대기, 영원한 쉼의 장소다.[189]

귀 기울이기에 몰두하는 사람은 "온 자연" 안에서, "너른 푸름" 안에서, "에테르" 안에서, "신성한 바다" 안에서 자기를 잃는다. 반면에 **자기**를 생산하는 사람, **자기**를 전시하는 사람은 귀 기울이는 능력과 아이 같은 수동성으로 바라보는 능력이 없다. 영속적인 나르시시스적 자기 생산 및 자기 연출의 시대에 종교는 기반을 잃는다. 왜냐하면 몰아는 종교적 경험을 위해 근본적으로 중요하기 때문이다. 종교에 더 해로운 것은 무신론보다 자기 생산이다. 자기를 죽음에 내맡기는 사람은 무한에 참여하게 된다. 슐라이어마허는 이렇게 쓴다. "사랑에 기초하여 당신들의 삶을 우주에 내어주려 하라. 이미 여기에서 당신들의 개인성을 없애고 하나이자 모두 안에im Einen und Allen 살려고 애써라. 당신들 자신 그 이상이려고 애써라. […] 유한성의 한가운데에서 무한과 하나 되고 순간 안에서 영원하기, 이것이야말로 종교의 불멸성이다."[190]

낭만주의는 자연에 신적인 찬란함을 입혀준다. 신령한 자연은 어떤 인간적 접근으로도 닿을 수 없는 높이로 상승한다. 자연을 인간적 목적을 위한 수단으로, 자원으로 간주하는 순간에 벌써 우리는 자연에 폭력을 가하는 것이다. 자연을 도구로 취급하는 우리의 태도는 불가피하게 파국으로 귀결되는데, 낭만주의의 자연 이해는 그 태도를 수정할 잠재력을 지녔다. 낭만주의는 인간과 자연의 화해를 추구한다.《휘페리온》에 붙인 한 서문에서 횔덜린은 이렇게 쓴다. "우리의 자기와 세계 사이의 저 영원한 분쟁을 종식하기, 모든 이성보다 더 높은, 모든 평화 중의 평화를 복원하기, 우리와 자연을 통일하여 하나의 무한한 전체를 이루기, 이것이야말로 우리의 모든 노력이 향하는 목표다."[191] 횔덜린은 위와 같은 자연과의 통일을 "존재Seyn(존재를 뜻하는 현재의 독일어 Sein과 다른 이 표기법은 헤겔의 저술에서도 쓰임—옮긴이)"라고 부른다. "저 무한한 평화를, 존재라는 단어의 유일한 의미에서의 저 존재Seyn를 우리는 어렴풋이 감지하지조차 못했을 터이며, 자연을 우리와 통일하려는 노력을 아예 하지 않았을 터이다."[192]

"존재Seyn"와 달리 행위하기는 "온 우주 안에서 오로지 모든 관계의 중심으로서의 인간만, 모든 존재Sein의 조건이자 모든 되어감Werden의 원인으로서의 인간만" 본다.[193] 행위하기는 "모든 분쟁이 종식되고 모두가 하나인" 장소인 "존재Seyn"에 영영 도달하지 못한다.[194] 행위하기에는 존재 결핍이 들러붙어 있다. 횔덜린은 영속적인 분쟁과 "존재Seyn" 상실을 자기의 탓으로, 행위하는 주체의 탓으로 돌린다. "축복받은 하나임을, 존재라는 단어의 유일한 의미에서의 존재를 우리는 상실했다. […] 우리는 세계의 **헨카이판**[온하나임Alleinheit]('헨카이판hen kai pan'은 '하나 그리고 모두'를 뜻하는 고대 그리스어이며 횔덜린, 셸링, 헤겔이 구호처럼 사용한 문구—옮긴이)에서 뛰쳐나와 우리의 자기를 통해 세계의 헨카이판을 재건하려 한다. 우리와 세계는 분열했고, 한때 하나였다고 믿을 수 있는 것이 지금은 서로 분쟁한다."[195] **아름다움**으로서의 "존재Seyn"는 **쉬나고게**synagogé 곧 "하나로 모으기" 덕분에 성립한다.[196] 화해가, 무한한 평화가 도래하지 않는 한, 세계에는 아름다움이 빠져 있다. 횔덜린은 "아름다움이 여왕인" "나라"가 도래하기를 갈망한다.[197]

낭만주의에서 자유는 자기로부터 분리된다. 자유는 행위하기의 절실함으로서 표출되는 것이 아니라 직관의 수동성으로서 표출된다. 행위하기는 **귀 기울이기**에 밀려난다. "오직 직관하려는 욕구만이, 그 욕구가 무한을 향할 때, 마음을 제한 없이 자유롭게 한다."[198] 자유롭기란 자연의 무한성과 하나 되어 형제들과 함께 살듯이 자연의 사물들과 함께 살기다. "오 태양이여, 오 너희 부드러운 바람이여. 그때 나는 외쳤다. 내 심장은 오직 너희 곁에서만 형제들 사이에서처럼 생동한다! 그렇게 나는 나 자신을 축복받은 자연에 점점 더, 거의 끝없이 내주었다. 자연

에 더 다가가기 위해서라면 나는 아주 기꺼이 아이가 될
테고, 자연에 더 다가가기 위해서라면, 나는 더 적게 알고
순수한 빛살처럼 될 것이다!"**199**

자유가 자연으로 뒤집히는 순간을 일컬어 종교적이라
고 할 수 있다. "종교는 자유가 이미 다시 자연이 된 곳에
서 숨 쉰다."**200** 자연은 자기가 자유로운 주권자라고 착각
하는 주체가 눈을 떠 **바라볼 수 있게** 해준다. 주체가 자연
앞에서 자신의 주권을 포기하고 울음을 터뜨리는 순간
은 진정으로 낭만적이다. 자연은 주체가 자신의 자연성
을 자각하게 만든다. "칸트는 정신이 자연 앞에서 자신의
우월함을 알게 되기를 바랐지만, 정신은 자연 앞에서 자
신의 우월성보다 자연성을 더 많이 알게 된다. 이 순간에
주체는 숭고함 앞에서 울음을 터뜨린다. 자연에 대한 기
억이 자기를 정립하는 주체의 반발을 누그러뜨린다. '눈
물이 솟아나고, 나는 다시 땅의 것이다!' 이 순간에 나는
자기 안에 갇혀 있음에서 정신적으로 벗어난다."**201** 눈물
이 "주체가 자연에 둘러치는 금지의 주문呪文을 깨뜨린
다."**202** 주체는 울면서 땅에 귀의한다.

낭만주의에서 자연의 아름다움은 주체가 단박에 좋다
고 느끼는 무언가가 아니다. 흡족함은 주체가 주체 자신
의 마음에 드는 것일 따름이다. 자연의 아름다움은 오직

아픔을 거쳐서만 경험할 수 있다. 왜냐하면 자연의 아름다움은 자기를 절대화하는 주체를 뒤흔들고 주체 자신에 대한 흡족함으로부터 뜯어내기 때문이다. 그 아픔은 **주체 안의 균열**이며, 그 균열을 통해 **주체의 타자**가 자기를 알린다. "아름다움 앞에서 느끼는 아픔은 다른 어디에서보다 자연 경험에서 가장 생생하며, 아름다움이 약속하는 바에 대한 열망도 마찬가지다."[203] 자연의 아름다움은 다른 존재 상태를, 인간이 자연과 화해한 상태를 암시한다는 점에서 유토피아적 잠재력을 지녔다.

초기 낭만주의의 자유 개념은 오늘날의 개인적 자유에 맞선 수정 조치요 해독제다. 초기 낭만주의의 자유는 **자기를 의지하기**Sich-Wollen 혹은 **자기를 향한 의지**Wille zu sich에 기반을 두지 않고 **함께-존재**Mitsein 혹은 **함께-의지하기**Mitwollen에 기반을 둔다. "함께-의지하기는 존재 안으로 자기를-들여보내고-풀어놓기Sich-ein-und-los-lassen다. 함께-의지하기는 해야 하기Müssen지만, […] **존재에의 열린 귀속**offene Zugehörigkeit zum Seyn에서 기원하여 다시 그 귀속으로 돌아가는 해야 하기다. 그리고 이 귀속이야말로 자유의 가장 핵심적인 본질이다."[204] 귀속으로서의 자유는 원래의 자유 개념에 부합한다. 어원을 따지면, "자유롭다"는 말은 **친구들과 함께 있다**는 뜻이다. 독일어에서 자유를 뜻하는 Freiheit와 친구를 뜻하는 Freund는 둘 다 인도게르만어 어근 fri로 거슬러 올라가는데, 이 어근은 "사랑하다"를 뜻한다. **자유는 우호성이다.** 그렇기 때문에 횔덜린은 모든 분열과 고립을 거두는 우호성을 신적인 원리로 격상한다.

> 순수한 우호성이 아직
>
> 가슴에 남아 있는 한
>
> 인간은 신적인 것을 지닌 자신이 불행하다고 여기지 않으리.[205]

노발리스가 보기에 자연은 생명 없는 **그것**Es이 아니라 살아 있는 **너**Du다. 오로지 자연을 **부름**Anrufung으로써만 자연에 도달할 수 있다. 자연을 구원한다는 것은 자연을 거침없는 착취에 내맡기는 **그것**-현존재에서 끄집어내 **너**로 대하며 말 건다는 것이다. 어떤 사물이든지 우리가 **부르면 너**가 된다. 초기 낭만주의자들은 자연이 느끼고 생각하고 말한다고 여겼다. 셸링이 보기에 자연은 가시적인 정신이다. 인간 정신은 비가시적인 자연이다. 하지만 자연의 언어는 자연으로부터 소외된 인간으로서는 영영 이해할 수 없는 상형문자로 이루어져 있다. 그러나 사

랑과 상상으로 자연에 다가가는 사람에게 자연은 자신의
비밀들을 털어놓는다.

생명 없는 것들조차도 영혼이 깃든 것들로서 지각하는
낭만주의적 자연관은 우리의 도구적 자연 이해를 수정할
효과적인 방안을 제공한다. 낭만주의적 자연관은 자연을
자원으로 간주하여 완전히 인간적 목적들에 종속시키는
것을 방지한다. 노발리스에 따르면 인간과 자연 사이에
깊은 공감이 충만하다. 더 깊이 보는 눈은 인간과 자연이
여러모로 들어맞는 것을 목격한다. 심지어 생각하기도
자연과 근본적으로 구별되지 않는다. 노발리스는 생각하
기의 자기 회귀 놀이Spiel der Reflexion와 자연의 놀이가 유
사하다고 본다. 또한 인간의 몸은 미시적 코스모스다. 거
시적 코스모스인 자연에서 그 미시적 코스모스가 되비친
다. 인간과 자연 사이에 신비로운 유사성이 성립한다.

초기 낭만주의자들이 보기에 자연은 놀이다. 자연은
목적과 효용으로부터 자유롭다. 무위야말로 자연의 본
질적 특징이다. 자연은 "혼자 놀면서 다른 아무것도 생각
하지 않는 아이처럼" "참으로 유유하며, 더없이 행복하게
고요하다." [206] 또한 참된 언어는 목적을 위한 수단이 아
니다. 소통 수단이 아니다. 참된 언어는 자기를 가리키며
자기와 논다. 참된 언어는 말하기 위해 말한다. 시를 지

을 때, 참된 언어는 모든 효용으로부터 해방된다. 참된 언어는 **노동하지** 않는다. 노발리스가 보기에 참된 언어의 화려함은 의미와 이해의 바깥에서 비로소 펼쳐진다. "사람들은 그 언어를 이해하지 못한다. 왜냐하면 그 언어 자신이 이해하지 않으며 이해하려 하지 않기 때문이다. 참된 산스크리트Sanskrit(고대 인도의 고전 언어 — 옮긴이)는 말하기 위해 말한다. 왜냐하면 말하기가 산스크리트의 기쁨이요 본질이기 때문이다. […] 그 신성한 글은 설명이 필요하지 않다. 참으로 말하는 자는 영원한 삶으로 가득 차 있으며, 우리가 느끼기에 그의 글은 진정한 신비들과 경이롭게 닮았다. 왜냐하면 그의 글은 우주의 교향악에서 뽑아낸 화음이기 때문이다." [207]

낭만주의자들은 단순히 자기네 주관적 느낌과 바람과 열망을 그 자체로는 생명 없고 영혼 없는 자연에 투사하지 않는다. 자연은 인간화되거나 주관화되지 않는다. 오히려 자연 자체가 내면을, "마음Gemüt"을 보유하고 있다. 오로지 시인만이 무한히 풍요로운 자연의 시詩적 내면을 알아챈다. 노발리스가 보기에 자연의 상상은 인간의 상상을 능가한다. 자연은 인간보다 발상이 더 풍부하고 더 재치있다. "자연이 인간에게 무엇일 수 있는지를 […] 오로지 시인들만이 느껴왔다. 시인들이 보기에 자연은 무한한 마음의 온갖 변화를 지녔으며, 자연은 의미심장한 표현과 발상, 마주침과 엇갈림, 대단한 아이디어와 기괴함을 통해 가장 총명하고 생동하는 인간보다 더 많은 놀라움을 선사한다."[208] 자연은 "신의 시이며, 우리도 그 시의 일부이자 꽃이다." 노발리스가 느끼기에 자연은 예술가다. 자연은 "예술 본능"을 지녔다. 노발리스가 확신하기에 자연과 예술을 구별하고자 하는 것은 오류요 "공허한 수다Geschwätz"다.[209]

독일 낭만주의는 "숲속의 정적과 숲의 마법, 맑은 소리를 내며 물레를 돌리는 냇물", "야경꾼의 외침과 찰방거리는 분수, 퇴락한 궁전의 잡초 우거진 정원, 그 정원에서 풍화하며 부스러지는 대리석상" 혹은 "옛 고향의 풍습"으로의 회귀, 심지어 "강한 민족감"으로의 회귀, "새롭고 더 강력한 독일"로의 회귀 그 이상이다.[210] 초기 낭만주의는 보편성을 띤 미적-정치적 사상이다. 노발리스는 민족과 정체성에서 벗어난 "세계 가족"을 추구하는 급진적 보편주의를 주창한다. 그의 영혼은 화해와 조화를 향한 열망으로, 영원한 평화의 이념으로 가득 차 있다.

노발리스의 관점에서 보면, 세계 안에서 고립되어 있는 것은 없다. 모든 것이 서로에게로 흘러들고 미끄러져든다. 모든 것이 얽혀 있다. 노발리스는 시 쓰기를 통일과 화해와 사랑의 매체로 삼는다. 시 쓰기는 **집약성**을 방출하고, 그 집약성은 사물들을 고립으로부터 끄집어내고 통일하여 아름다운 공동체를 이루게 한다. "시 쓰기는 특유한 방식으로 개별자를 나머지 전체와 결합함으로써 모든 개별자를 […] 거둔다. 시 쓰기는 아름다운 사회를—세계 가족을—아름다운 우주 살림을 형성한다. […] 개인은 전체 안에서, 전체는 개인 안에서 산다. 시 쓰기를 통하여 최고의 공감과 공동 활동과 가장 친밀한 **공동체가** 발생한다."[211] 추구되는 목표는 **살아 있는 것들의 공동체**다. 개인은 "전체의 기관Organ"이다. 전체는 "개인의 기관"이다. 개인과 전체가 서로에게 스며든다. 개별화와 고립은 인간을 결국 병들게 한다고 노발리스는 확신한다. 시 쓰기는 일종의 의술, "초월적 건강을 구성하는 위대한 솜씨"다. 이처럼 노발리스는 시인을 "초월적 의사"로 격상한다.[212]

세계를 낭만화함으로써 얻는 결과는 세계가 자신의 마법을, 마력을, 신비를, 그리하여 존엄을 되찾는 것이다. 세계의 낭만화는 **집약성들**을 산출한다. "세계는 낭만화해야 한다. 그럼으로써 근원적인 의미를 되찾아야 한다. […] 통속적인 것에 고귀한 의미를, 평범한 것에 신비로운 모습을, 친숙한 것에 낯선 것의 존엄을, 유한한 것에 무한한 나타남을 부여함으로써 나는 그것을 낭만화한 다."[213] 낭만화는 **외부세계**의 마음을, **은밀한 내면**을 드러 낸다. 그러나 우리는 그 내면으로부터 소외되어 있다. 노 발리스는 이렇게 외친다. "너는 내 안에서 고귀한 욕구를 일으켰다 / 너른 세계의 마음 깊숙한 곳을 들여다보고픈 욕구를."[214] 세계의 낭만화는 세계에 마법을 거는 것과 같은 효과를 낸다. 세계의 세속화에 맞선 해독제로서 세 계의 낭만화는 세계를 **소설**로, 노발리스라면 이렇게 말할 성싶은데, **동화**로 만든다. 반면에 지금 한창인 세계의 정 보화와 디지털화는 세속화를 첨예화한다. 모든 것이 데 이터의 형태를 띠고 셀 수 있게 된다. 정보는 서사적이지 않고 가산加算적이다. 정보들은 하나의 이야기로, 하나의 소설로 응집하지 않는다. 디지털 기술은 이진법에 기반 을 둔다. 디지털을 뜻하는 프랑스어는 numérique 곧 '수 적數的임'이다. 세기는 이야기하기와 정반대다. **수들은 아 무것도 이야기하지 않는다.** 수들은 **의미의 영점**에 거주한다.

전체와의 결합, 자연과의, 우주와의 결합을 향한 낭만 주의적 그리움을 병적인 열광으로, 시대착오적이거나 퇴 행적인 태도로 보며 배척하는 것은 오류다. 발터 벤야민 이 보기에 그 낭만주의적 그리움은 인류에게 근본적으로 중요하다. 그 그리움은 항상 다시 새롭게 일어난다. "고대에 코스모스와의 교류는 다르게 이루어졌다. 즉, 도취한 채로 이루어졌다. […] 무슨 말이냐면, 인간은 오직 공동체 안에서만 도취한 채로 코스모스와 소통할 수 있다. 이 경험을 하찮은 것으로, 피할 수 있는 것으로 보고 멋진 별밤의 병적인 열광으로 간주하여 개인의 몫으로 맡기는 것은 요새 사람들의 위험천만한 일탈이다. 아니다, 그 경험은 늘 새롭게 발생하고 또 발생할 것이다." [215]

노발리스는 낭만주의적 메시아주의를 주창한다. 그는 "영원한 평화가 이루어지는 신성한 시대"의 조짐을, "위대한 화해의 시대", "새로운 황금시대", "기적이 일어나고 상처가 치유되고 위안을 주며 영원한 삶이 시작되는 예언자의 시대"가 도래하는 조짐을 도처에서 본다.[216] 비록 모든 것이 "암시요, 산발적이고 엉성하지만", 전체적으로 그 모든 것은 "새로운 메시아가 속 깊이 잉태되었음"을 누설한다.[217] 그 모든 것은 새로운 시대를, 새로운 바라봄을, 전혀 다른 삶꼴을 선포한다.

아감벤은 《도래하는 공동체》에서, 발터 벤야민이 어느 저녁에 에른스트 블로흐에게 들려주었다는 도래하는 나라의 비유를 언급한다. 블로흐는 벤야민의 이야기를 이렇게 전한다. "카발라Kabbala(유대교 신비주의—옮긴이)에 정통한 어느 랍비가 말했다. 평화의 나라를 세우기 위해서 모든 것을 파괴해야 하지는 않을 것이며 전혀 새로운 세계가 시작되지도 않을 것이다. 다만 이 찻잔이나 저 덤불이나 저 돌을, 그런 식으로 모든 것을 조금만 옮기면 된다. 그러나 이 조금을 실행하기가 너무 어렵고 이 조금이 어느 정도인지 알아내기가 너무나 어렵기 때문에, 세계와 관련된 그 일을 인간들은 할 수 없고, 그 일을 위해 메시아가 온다."[218] 벤야민 본인의 이야기는 이러하다. "도래하는 세계에 관한 이야기가 하시디즘Chassidismus(18세기에 일어난 유대교 부흥 운동―옮긴이) 신봉자들 사이에서 전해온다. 이런 이야기다. 거기에서는 모든 것이 우리 주변과 마찬가지로 되어 있을 것이다. 우리의 거실은 도래하는 세계에서도 지금과 마찬가지일 것이다. 도래하는 세계에서도 우리 아이는 지금 자는 곳에서 잘 것이다. 우리는 이 세계에서 몸에 걸치는 것을 도래하는 세계에서도 걸칠 것이다. 모든 것이 여기와 같을 것이다. 아주 조금만 다를 것이다."[219] 도래하는 세계에서는 모든 것이 지금과 같고 아무것도 새로 추가되지 않는다. 거기에서 모든 것은 아주 조금만 다를 것이다. 이 "아주 조금만 다름"이 무엇을 뜻하는지는 밝혀지지 않는다. 혹시 도래하는 세계에서는 사물들이 서로를 전혀 다르게 대한다는 것, 사물들이 새로운 관계를 맺는다는 것을 뜻할 수도 있을까?

노발리스가 남긴 다음과 같은 메모는 카발라에 정통한 랍비가 등장하는 저 비유를 연상시킨다. "**미래** 세계에서는 모든 것이 **과거** 세계에서와 같다—또한 그럼에도 **모든 것이 전혀 다르다.**"[220] 실제로 주어진 것들만 따지면, 미래 세계는 과거 세계와 똑같다. 새로 추가되는 것도 없고 제거되는 것도 없다. 그럼에도 도래하는 세계에서는 모든 것이 **전혀 다르다.** 카발라에 정통한 그 랍비와 달리 노발리스는 미래 세계가 어떤 모습일지 넌지시 말한다. 같은 메모에서 노발리스는 흥미롭게도 "**이성적인 카오스**Vernünftiges Chaos"를 언급한다. 미래 세계의 핵심 특징은 뒤죽박죽Durcheinander이지만, 이성적인 뒤죽박죽이다. 어떤 것도 홀로 고립되지 않는다. 어떤 것도 자기 안에 굳건히 머무르지 않는다. 아무것도 자기를 주장하지 않는다. 사물들을 갈라놓는 굳건한 경계는 없다. 사물들은 서로를 향해 열린다. 바꿔 말해, 사물들은 서로에게 **우호적이게** 된다. 사물들의 **우호적인** 미소가 동일성이라는 쳄쇠를 녹여버린다. 사물들은 서로에게 흘러들어 뒤섞인다. 세계는 **우호적인 뒤죽박죽** 상태에서, "**이성적인 카오스**" 상태에서 환히 빛난다.

노발리스의 **도래하는** 사회는 **우호성의** 윤리에 기반을 둔다. 그 윤리는 고립과 분열과 소외를 제거한다. 도래하는 사회는 화해와 평화의 시대다.《사이스의 도제들Lehrlinge zu Sais》(노발리스의 미완성 소설. 지명인 Sais는 자연을 상징함―옮긴이)에서 노발리스는 이렇게 쓴다. "머지않아 그는 모든 것 안에서 연결들을, 마주침들을, 만남들을 알아챘다. 이제 그는 아무것도 홀로가 아님을 깨달았다.―크고 다채로운 그림들 안에서 그의 감각의 지각들이 뒤엉켜 크고 다채로운 그림들을 이뤘다. 그는 동시에 듣고, 보고, 만지고, 생각했다. 그는 낯선 것들을 합치며 기뻐했다. 머지않아 그에게 별들은 사람들이었고, 사람들은 별들, 돌들은 동물들, 구름들은 식물들이었다." [221] 도래하는 평화의 나라에서 인간과 자연은 화해한다. 인간은 **살아 있는 것들의 공화국**에 속한 시민일 따름이다. 식물들, 동물들, 돌들, 구름들, 별들도 그 공화국의 **동료 시민**이다.

1. Friedrich Nietzsche, *Menschliches, Allzumenschliches, Kritische Studienausgabe*, G. Colli/M. Montinari 편, Berlin/New York 1988, 2권, 231면.

2. Karl Kerényi, *Antike Religion*, München/Wien 1971, 62면.

3. Theodor W. Adorno, *Gesammelte Schriften*, R. Tiedemann 편, 7권, Frankfurt/M 1970, 437면 이하.

4. Guy Debord, *Die Gesellschaft des Spektakels*, Berlin 1996, 100면.

5. 같은 책, 101면.

6. Theodor W. Adorno, *Minima Moralia. Reflexionen aus dem beschädigten Leben*, *Gesammelte Schriften*, 4권, Frankfurt/M 1980, 135면.

7. Walter Benjamin, *Das Passagen-Werk*, *Gesammelte Schriften*, V권, Frankfurt/M 1991, 536면.

8. 같은 책, 1053면.

9. Giorgio Agamben, *Nacktheiten*, Frankfurt/M 2010, 185면.

10. Gaston Bachelard, *Psychologie des Feuers*, München 1985, 22면 이하.

11. Kerényi, *Antike Religion*, 48면 참고.

12. Agamben, *Nacktheiten*, 177면 이하.

13. 같은 책, 178면.

14 Walter Benjamin, *Denkbilder*, in: *Gesammelte Schriften*, IV권, Frankfurt/M 1991, 305－438, 인용문은 376면 이하.

15 같은 곳.

16 Marcel Proust, *Auf der Suche nach der verlorenen Zeit*, 1－7권, Frankfurt/M 1994, 2578면.

17 같은 책, 4543면 이하.

18 같은 책, 3625면.

19 같은 책, 4511면. 강조는 필자.

20 Benjamin, *Das Passagen-Werk*, 161면.

21 Walter Benjamin, *Gesammelte Schriften*, II권, Frankfurt/M 1991, 446면.

22 Martin Heidegger, *Unterwegs zur Sprache*, Pfullingen 1959, 159면.

23 Benjamin, *Gesammelte Schriften*, II권, 1287면.

24 Maurice Blanchot, *Warten Vergessen*, Frankfurt/M 1964, 39면.

25 Maurice Blanchot, *Der literarische Raum*, Berlin 2012, 16면.

26 같은 책, 91면.

27 Friedrich Nietzsche, *Nachgelassene Fragmente 1884–1885*, *Kritische Studienausgabe*, 11권, 228면.

28 Heinrich von Kleist, *Über das Marionettentheater*, in: *Sämtliche Werke und Briefe*, H. Sembdner 편, München 1970, II권, 338~345면, 인용문은 345면.

29 Benjamin, *Denkbilder*, 406면 이하.

30 같은 책, 407면.

31 Roland Barthes, *Mut zur Faulheit*, in: *Die Körnung der Stimme. Interviews 1962–1980*, Frankfurt/M 2002, 367~374면, 인용문은 371면.

32 같은 곳.

33 Walter Benjamin, *Berliner Kindheit um Neunzehnhundert*, in: *Gesammelte Schriften*, IV권, Frankfurt/M 1991, 235~304면, 인용문은 262면 이하.

34 Walter Benjamin, *Gesammelte Schriften*, VI권, Frankfurt/M 1991, 194면.

35 Benjamin, *Passagen-Werk*, 161면. 강조는 필자.

36 Benjamin, *Gesammelte Schriften*, IV권, 741면.

37 Friedrich Nietzsche, *Nachgelassene Fragmente 1880–1882*, *Sämtliche Werke, Kritische Studienausgabe*, 9권, 24면.

38 Gilles Deleuze, *Mediators*, in: *Negotiations*, New York 1995, 121~134면, 인용문은 129면. M. Hardt und A. Negri, *Demokratie. Wofür wir kämpfen*, Frankfurt/M. 2013, 21면에서 재인용.

39 Nietzsche, *Menschliches, Allzumenschliches*, 231면.

40 같은 책, 232면.

41 Giorgio Agamben, *Herrschaft und Herrlichkeit. Zur theologischen Genealogie von Ökonomie und Regierung*, Berlin 2010, 300면.

42 *ZEIT-Interview*, 2012년 7월 12일.

43 Karl Marx, *Grundrisse der Kritik der politischen Ökonomie*, MEW, 42권, 545면.

44 같은 곳.

45 Gilles Deleuze, *Die Immanenz: ein Leben…*, in: Gilles Deleuze – *Fluchtlinien der Philosophie*, F. Balke/J. Vogl 편, München 1996, 29–33면, 인용문은 30면.

46 Gilles Deleuze/Félix Guattari, *Was ist Philosophie?*, Frankfurt/M 1996, 254면.

47 Peter Handke, *Versuch über die Müdigkeit*, Frankfurt/M 1992, 76면.

48 같은 책, 74면.

49 Robert Musil, *Der Mann ohne Eigenschaften*, Adolf Frisé 편, Reinbek 1978, 1234면.

50 같은 책, 762면.

51 Handke, *Versuch über die Müdigkeit*, 68면.

52 Peter Handke, *Die Geschichte des Bleistifts*, Frankfurt/M 1985,

235면.

53 Paul Cézanne, *Über die Kunst. Gespräche mit Gasquet. Briefe*, Hamburg 1957, 10면 이하.

54 같은 책, 38면.

55 같은 책, 66면.

56 같은 책, 14면.

57 같은 책, 66면.

58 Merleau-Ponty, *Sinn und Nicht-Sinn*, München 2000, 22면. 강조는 필자.

59 Cézanne, *Über die Kunst*, 19면.

60 같은 곳, 9면.

61 Lorenz Dittmann, *Zur Kunst Cézannes*, in: *Festschrift Kurt Badt zum siebzigsten Geburtstage*, Martin Gosebruch 편, Berlin 1961, 190–212, 인용문은 196면. 강조는 필자.

62 Zhuangzi, *Das wahre Buch vom südlichen Blütenland*, Richard Wilhelm 역, Jena 1912, 23면.

63 Masanobu Fukuoka, *Der Große Weg hat kein Tor*, Darmstadt 2013, 52면.

64 같은 책, 71면.

65 Martin Heidegger, *Vorträge und Aufsätze*, Pfullingen 1954, 94면.

66 Hannah Arendt, *Zwischen Vergangenheit und Zukunft. Übungen im politischen Denken I*, München 2012, 78면.

67 같은 책, 79면.

68 Benjamin, *Passagen-Werk*, 592면.

69 같은 책, 676면.

70 Heidegger, *Vorträge und Aufsätze*, 64면.

71 Martin Heidegger, *Überlegungen II–VI. Schwarze Hefte 1931–1938, Gesamtausgabe*, 94권, Frankfurt/M 2014, 447면.

72 Martin Heidegger, *Beiträge zur Philosophie, Gesamtausgabe*, 65권, Frankfurt/M 1989, 22면.

73 Martin Heidegger, *Was heißt Denken?*, Tübingen 1971, 173면.

74 Heidegger, *Unterwegs zur Sprache*, 208면.

75 같은 곳, 199면.

76 Martin Heidegger, *Feldweg-Gespräche (1944/45), Gesamt-ausgabe*, 77권, Frankfurt/M 1995, 227면.

77 같은 책, 226면.

78 Heidegger, *Vorträge und Aufsätze*, 66면.

79 Martin Heidegger, *Sein und Zeit*, Tübingen 1979, 137면.

80 Martin Heidegger, *Was ist das – die Philosophie?*, Pfullingen 1956, 23면.

81 Heidegger, *Beiträge zur Philosophie*, 21면.

82 같은 곳.

83 Heidegger, *Was ist das – die Philosophie?*, 26면.

84 Martin Heidegger, *Aus der Erfahrung des Denkens 1910–1976, Gesamtausgabe*, 13권, Frankfurt/M 1983, 68면.

85 같은 책, 233면 이하.

86 Martin Heidegger, *Wegmarken*, Frankfurt/M 1967, 148면.

87 Heidegger, *Vorträge und Aufsätze*, 144면.

88 같은 곳, 143면 이하.

89 Martin Heidegger, *Hölderlins Hymne »Andenken«, Gesamt-ausgabe*, 52권, Frankfurt/M 1982, 75면.

90 Heidegger, *Überlegungen II–VI. Schwarze Hefte 1931–1938*, 232면.

91 Heidegger, *Sein und Zeit*, 187면.

92 같은 책, 126면 이하.

93 Martin Heidegger, *Die Grundbegriffe der Metaphysik. Welt-Endlichkeit-Einsamkeit, Gesamtausgabe*, Band 29/30권, Frankfurt/M 1983, 211면 이하.

94 같은 책, 223면 이하.

95 Byung-Chul Han, *Tod und Alterität*, München 2002 참조.

96 Heidegger, *Hölderlins Hymne »Andenken«*, 64면.

97 Heidegger, *Wegmarken*, 8면.

98 Heidegger, *Hölderlins Hymne »Andenken«*, 67면.

99 Martin Heidegger, *Reden und andere Zeugnisse eines Lebensweges, Gesamtausgabe*, 16권, Frankfurt/M 2000, 731면.

100 Heidegger, *Hölderlins Hymne »Andenken«*, 128면.

101 Heidegger, *Reden und andere Zeugnisse eines Lebensweges*, 732면.

102 Heidegger, *Feldweg-Gespräche*, 180면.

103 Heidegger, *Reden und andere Zeugnisse eines Lebensweges*, 732면.

104 Arendt, *Zwischen Vergangenheit und Zukunft*, 76면.

105 Niklas Luhmann, *Entscheidungen in der »Informationsgesellschaft«*, https://www.fen.ch/texte/gast_luhmann_informationsgesellschaft.htm.

106 Friedrich Nietzsche, *Nachgelassene Fragmente 1869–1874, Sämtliche Werke, Kritische Studienausgabe*, 7권, 710면.

107 Hans-Georg Gadamer, *Die Aktualität des Schönen. Kunst als Spiel, Symbol und Fest*, Stuttgart 1977, 42면 이하.

108 Kerényi, *Antike Religion*, 113면에서 인용.

109 Diogenes Laertius, II, 10.

110 Homer, *Ilias*, 18,61 참조.

111 Josef Pieper, *Glück und Kontemplation*, München 1957, 97면에서 재인용.

112 Thomas von Aquin, *Summa theologica*, II. II., quaestio 180, articulus 4.

113 Pieper, *Glück und Kontemplation*, 65면에서 재인용.

114 같은 곳, 97면 이하.

115 Augustinus, *Vom Gottesstaat*, XXII, 30.

116 Pieper, *Glück und Kontemplation*, 73면.

117 Rainer Maria Rilke, *Sämtliche Werke*, Rilke-Archiv 편, Wiesbaden 1957, 2권, 249면.

118 Rilke, *Sämtliche Werke*, 1권, 735면.

119 같은 책, 709면.

120 같은 곳.

121 Kerényi, *Antike Religion*, 47면.

122 같은 책, 62면. 강조는 필자.

123 Gadamer, *Aktualität des Schönen*, 52면.

124 같은 곳, 111면.

125 Hannelore Rausch, *Theoria. Von ihrer sakralen zur philosophischen Bedeutung*, München, 1982, 17면에서 재인용.

126 Kerényi, *Antike Religion*, 111면.

127 Aristoteles, *Nikomachische Ethik*, 1178b., O. Gigong 역.

128 같은 책, 1177a.

129 Pieper, *Glück und Kontemplation*, 108면에서 재인용.

130 Vilém Flusser, *Kommunikologie weiter denken*, Frankfurt/M 2009, 236면.

131 Abraham J. Heschel, *Der Sabbat*, Neukirchen-Vluyn 1990, 14면.

132 *Raschi-Kommentar zu den fünf Büchern Moses*, Julius Dessauer 역, Budapest 1887, 5면.

133 Heschel, *Der Sabbat*, 47면.

134 Arendt, *Zwischen Vergangenheit und Zukunft*, 247면.

135 Hannah Arendt, *Vita activa oder Vom tätigen Leben*, München 1981, 216면.

136 같은 책, 190면.

137 같은 책, 192면.

138 Flusser, *Kommunikologie weiter denken*, 237면.

139 Tonio Hölscher, *Die griechische Polis und ihre Räume: Religiöse Grenzen und Übergänge*, in: *Grenzen in Ritual und Kult der Antike*, Martin A. Guggisberg 편, Basel 2013, 47 - 68면, 54면에서 재인용.

140 Martin Heidegger, *Zu Hölderlin. Griechenlandreisen*, *Gesamtausgabe*, 75권, Frankfurt/M 2000, 251면.

141 Arendt, *Vita activa oder Vom tätigen Leben*, 43면.

142 Judith N. Shklar, *Über Hannah Arendt*, Berlin 2020, 102면.

143 Platon, *Apologie*, 31d f., F. Schleiermacher 역.

144 Hannah Arendt, *Über die Revolution*, München 2011, 362면.

145 Arendt, *Vita activa oder Vom tätigen Leben*, 37면.

146 같은 책, 165면.

147 Arendt, *Über die Revolution*, 40면 이하.

148 Hannah Arendt, *Freiheit, frei zu sein*, München 2018, 32면.

149 같은 책, 24면.

150 같은 책, 25면.

151 Seyla Benhabib, *Hannah Arendt. Die melancholische Denkerin der Moderne*, Frankfurt/M 2006, 248면.

152 Hannah Arendt, *Die Ungarische Revolution und der totalitäre Imperialismus*, München 1958, 41면 이하.

153 Arendt, *Über die Revolution*, 82면.

154 Arendt, *Zwischen Vergangenheit und Zukunft*, 249면.

155 Arendt, *Über die Revolution*, 145면.

156 Arendt, *Zwischen Vergangenheit und Zukunft*, 249면 이하.

157 Jean Ziegler, *Wir lassen sie verhungern. Die Massenvernichtung in der Dritten Welt*, München 2012, 15면.

158 Arendt, *Freiheit, frei zu sein*, 36면.

159 Arendt, *Vita activa oder Vom tätigen Leben*, 243면.

160 Arendt, *Über die Revolution*, 56면 이하.

161 Sören Kierkegaard, *Die Wiederholung*, Hamburg 1961, 8면.

162 Arendt, *Zwischen Vergangenheit und Zukunft*, 224면.

163 같은 책, 225면.

164 같은 곳.

165 Friedrich Nietzsche, *Die fröhliche Wissenschaft, Gesammelte Werke, Kritische Studienausgabe*, 3권, 376면.

166 Arendt, *Vita activa oder Vom tätigen Leben*, 42면.

167 Heidegger, *Sein und Zeit*, 294면.

168 Arendt, *Vita activa oder Vom tätigen Leben*, 42면.

169 같은 곳.

170 Michel Foucault, *Überwachen und Strafen. Die Geburt des Gefängnisses*, Frankfurt/M 1977, 173면.

171 Arendt, *Vita activa oder Vom tätigen Leben*, 169면.

172 Platon, *Apologie*, 31cf., F. Schleiermacher 역.

173 Giorgio Agamben, *Profanierungen*, Frankfurt/M 2005, 7면.

174 같은 책, 9면.

175 같은 책, 10면.

176 같은 책, 11면.

177 Arendt, *Vita activa oder Vom tätigen Leben*, 121면.

178 Agamben, *Profanierungen*, 9면.

179 같은 책, 10면.

180 Arendt, *Vita activa oder Vom tätigen Leben*, 26면.

181 같은 책, 25면.

182 같은 곳.

183 Platon, *Politia*, 517a, F. Schleiermacher 역.

184 Arendt, *Vita activa oder Vom tätigen Leben*, 317면.

185 Alois M. Haas: *Die Beurteilung der Vita contemplativa und activa in der Dominikanermystik des 14. Jahrhunderts*, in: *Arbeit Musse Meditation*, B. Vickers 편, Zürich 1985, 109~131면, 인용문은 113면.

186 Friedrich Schleiermacher, *Über die Religion. Reden an die Gebildeten unter ihren Verächtern*, G. Meckenstock 편, Berlin/New York 2001, 79면.

187 같은 책, 68면.

188 같은 책, 112면.

189 Friedrich Hölderlin, *Hyperion oder der Eremit im Griechenland*, Stuttgart 2013, 9면.

190 Schleiermacher, *Über die Religion*, 114면.

191 Friedrich Hölderlin, *Sämtliche Werke*, F. Beissner 편, Stuttgart

1958, III권, 236면.

192 같은 곳.

193 Schleiermacher, *Über die Religion*, 79면.

194 Hölderlin, *Sämtliche Werke*, III권, 236면.

195 같은 곳.

196 Heidegger, *Hölderlins Hymne »Andenken«*, 177면.

197 Hölderlin, *Sämtliche Werke*, III권, 237면.

198 Schleiermacher, *Über die Religion*, 86면.

199 Hölderlin, *Hyperion*, 177면.

200 Schleiermacher, *Über die Religion*, 80면.

201 Theodor W. Adorno, *Ästhetische Theorie, Gesammelte Schriften*, R. Tiedemann 편, 7권, Frankfurt/M 1970, 410면.

202 같은 곳.

203 같은 책, 114면.

204 Heidegger, *Hölderlins Hymne »Andenken«*, 41면.

205 Hölderlin, *In lieblicher Bläue*, in: Hölderlin, *Sämtliche Werke*, II.1권, 372면 이하.

206 Hölderlin, *Hyperion*, 104면.

207 Novalis, *Die Lehrlinge zu Sais*, in: *Novalis, Schriften*, P. Kluckhohn/R. Samuel 편, Stuttgart 1960, 1권, 71 – 111, 인용문은 79면.

208 같은 책, 99면.

209 Novalis, *Schriften*, III권, 650면.

210 Oskar Walzel, *Deutsche Romantik*, 1권: *Welt-und Kunstanschauung*, Leipzig 1918, 1면.

211 Novalis, *Schriften*, II권, 533면.

212 같은 책, 535면.

213 같은 책, 545면.

214 Novalis, *Schriften*, I권, 193면.

215 Benjamin, *Denkbilder*, 146면 이하.

216 Novalis, *Schriften*, III권, 519면.

217 같은 곳.

218 Giorgio Agamben, *Die kommende Gemeinschaft*, Berlin 2003, 51면.

219 Benjamin, *Denkbilder*, 419면.

220 Novalis, *Schriften*, III권, 281면.

221 Novalis, *Die Lehrlinge zu Sais*, 80면.

도판 출처

45면 Paul Cézanne, Les Grandes Baigneuses, 1906. Philadelphia
   Museum of Art 소장. Wikipedia, 2012.
56면 Paul Klee, Angelus Novus, 1920. Israel Museum 소장.
   Wikipedia, 2015.